W0418556

FLUGZEUGE DER WELT

Kenneth Munson

BOMBER

Überwachungs- und Aufklärungsflugzeuge

1914-1919

Illustriert von
JOHN W. WOOD
Norman Dinnage, Brian Hiley, William Hobson
Alan Holliday, Tony Mitchell, Allen Randall
Anhang von Ian D. Huntley

ORELL FÜSSLI VERLAG ZÜRICH

2., revidierte Auflage 1978
Aus dem Englischen übersetzt von Ekkehard Gruber
Die Originalausgabe erschien unter dem Titel
"Bombers 1914 - 19" im Verlag Blandford Press Ltd.
London 1968
©Blandford Press Ltd. 1968
© der deutschsprachigen Ausgabe Orell Füssli Verlag Zürich 1968
ISBN 3 280 00907 3

VORWORT

Ian D. Huntley sind wir zu grösstem Dank verpflichtet, denn seine ausgedehnten Studien bilden die Grundlage für die Farbtafeln dieses Buches. Eine kurze Zusammenfassung der Forschungsarbeit Ian Huntleys mit einigen Ergebnissen, die daraus resultieren, erscheint im Anhang. Im Zusammenhang mit den Anmerkungen auf Seite 15 gelesen, sollten sie eine Anzahl von Missverständnissen ausräumen, die anscheinend einige Leser der 1. Auflage verwirrten.
Für ihre Mithilfe und weiteres Quellenmaterial danken wir der amerikanischen Zeitschrift Air Progress, Harleyford Publications Ltd. und Profile Publications Ltd. Für Unterstützung in Einzelfragen der 1. Auflage sind wir Messrs. Charles F. Andrews von der BAC, Bo Widfelt von der Schwedischen Gesellschaft für Luftfahrtgeschichte und Lt. Col. N. Kindberg von der Königlich Schwedischen Luftwaffe sehr verbunden. Diese verbesserte Auflage entstand dank neuem Material, das uns inzwischen freundlicherweise von Chaz Bowyer, Jack Bruce, Roland Eichenberger und Douglas Pardee zugänglich gemacht wurde. Ihnen allen drücken wir nochmals unseren Dank aus, sowohl für die Freundlichkeit als auch für die Begeisterung, mit denen Hilfe angeboten wurde.

EINFÜHRUNG

Es ist schwierig, mit Sicherheit festzustellen, wann ein Flugzeug erstmals anlässlich einer kriegerischen Auseinandersetzung Bomben abwarf. Eine der ersten Gelegenheiten war sicher am 1. November 1911, als Giulio Gavotti von der Squadriglia di Tripoli aus einer Rumpler Taube des italienischen Armeefliegerkorps vier kleine Bomben über den nordafrikanischen Städten Tagiura und Ain Zara abwarf. Es ist jedenfalls sicher, dass der Bomber als Flugzeugtyp einige Jahre älter ist als das Jagdflugzeug, da bereits einige Zeit vor dem Ausbruch des Ersten Weltkrieges geeignete Maschinen konstruiert wurden und auch im Einsatz waren.

Eines der führenden Flugzeuge dieser Zeit war die französische Voisin. Der erste Bombenangriff des Ersten Weltkrieges wurde am 14. August 1914 durch Voisins der französischen Aviation Militaire auf die Zeppelin-Hangars in Metz-Frascati durchgeführt. Während der ersten Zeit des Krieges stützten sich Deutschland und Österreich-Ungarn hauptsächlich auf die Zeppeline als Hauptmittel zur Durchführung von Bombenangriffen. Viele der ersten Bombenangriffe der Alliierten richteten sich daher gegen die Flugfelder und Fabriken, wo die „Ungeheuer des purpurnen Dämmerlichts" stationiert waren oder gebaut wurden. Vor Ende 1914 führten auch Flugzeuge des Royal Naval Air Service (RNAS) einige erfolgreiche Bombardierungen durch. Dabei war die moralische Wirkung sicher wichtiger als die angerichtete Zerstörung, da die Angriffe vorwiegend von kleinen Flugzeugen mit sehr bescheidener Bombenlast durchgeführt wurden.
Die Voisin war fast das einzige Flugzeug der kriegführenden Nationen, das es verdiente, als Bomber bezeichnet zu werden. Dies erkannte im September 1914 auch die französische Aviation Militaire, denn sie reorganisierte ihre Voisin-Staffeln, um Bombenangriffe durchführen zu können. (Übrigens war es auch eine Voisin, die den ersten Luftsieg des Krieges erfocht, als ihr Beobachter am 5. Oktober 1914 einen deutschen Aviatik-Zweisitzer abschoss.) Frankreichs Bemühungen und ersten Erfolgen im Aufbau einer Bombermacht folgten bald darauf in Russland ähnliche Bestrebungen: Zar Nikolaus II. gründete innerhalb der Kaiserlich-Russischen Luftwaffe die „Staffel der fliegenden Schiffe" (oder E.V.K.), welche mit dem gigantischen Bomber „Ilya Mourometz" von Sikorsky ausgerüstet war. Die „Ilya Mourometz" war der erste viermotorige Bomber der Welt. Dieses riesige Flugzeug flog erstmals im Januar 1914 und

war eine Weiterentwicklung der ebenfalls von Sikorsky Anfang 1913 konstruierten Rekordmaschine „Le Grand". Die E.V.K. führte ihren ersten Bombenangriff mit „Ilya Mourometz" am 15. Februar 1915 durch. Sie operierte von ihrer Basis Jablonna in Polen aus.

Zwei Monate zuvor hatte in England Commodore Murray F. Sueter vom Luftdepartement der britischen Admiralität die Entwicklung eines, wie er es nannte, „bloody paralyser of an aeroplane" (Grausames Flugzeug zur Lahmlegung des Verkehrs) in Bewegung gebracht. Mit diesem Bomber sollten Ziele in Deutschland angegriffen werden können. Die aus dieser Initiative hervorgegangene Handley Page 0/100 konnte aber erst gegen Ende 1916 in Dienst gestellt werden.
Inzwischen begann im Mai 1915 die Aviation Militaire eine anhaltende Bombardierungskampagne, wozu sie ihre Staffeln mit Voisin-Bombern einsetzte, deren Gesamtstärke schliesslich auf etwa 600 Flugzeuge anstieg. England und Italien kauften Voisin- und Breguet-Bomber in Frankreich und begannen auch, diese Typen in Lizenz herzustellen. Auch Russland versuchte die Lizenzproduktion der Voisin mit kleineren Änderungen, hatte allerdings keinen Erfolg.
Am 24. Mai 1915 trat Italien an der Seite der Alliierten in den Krieg. Zu diesem Zeitpunkt betrug die gesamte Anzahl italienischer Armee- und Marineflugzeuge wenig mehr als hundert Maschinen. Davon waren zudem sehr viele französischen Ursprungs. Allerdings besassen die Italiener einige der ausgezeichneten Bomber Caproni Ca 2, welche über die nötige Reichweite und die Zuverlässigkeit verfügten, um den langen und gefährlichen Flug über die Alpen zu Zielen in Österreich-Ungarn wagen zu können. Der erste derartige Angriff erfolgte am 20. August 1915. In der ersten Hälfte des Krieges waren die Zeppeline Deutschlands Hauptwaffe für schwere Bombenangriffe. Später wurden sie vor allem von der Marineluftwaffe verwendet, während sich die Armee-Luftwaffe dem Bombenflugzeug zuwandte. Tagesangriffe auf Grossbritannien mit zweimotorigen A.E.G.- und Gotha-Bombern begannen Anfang 1917. Im Sommer nahmen diese Angriffe derart zu, dass RFC und RNAS gezwungen waren, dringend benötigte Flugzeuge von der Westfront zurückzuziehen, um die Heimatverteidigung zu verstärken. Diese Jagdflugzeuge – zum Teil improvisiert aus umgebauten Zweisitzern – erzielten derartige Erfolge, dass die Bombenangriffe zuerst in die Nachtzeit verlegt wurden und ab Mai 1918 gänzlich unterblieben.
Die Gotha waren typisch für die damaligen deutschen Bomber und sie waren auch die am häufigsten verwendeten Typen. Sie wurden durch eine kleinere Anzahl von Friedrichshafen G-Typen und später von der grösseren Zeppelin (Staaken) R unterstützt. Unter den Bombern der Alliierten der späteren Kriegsjahre waren verbesserte Modelle der Caproni und der „Ilya Mourometz" zusammen mit den sehr guten neuen Typen Breguet 14, D.H. 4 und Handley Page 0/400. Einige andere Bomber, zum Beispiel D.H.9 und R.E.8, wurden in viel grösserer Zahl gebaut,

als ihre Leistungen gerechtfertigt hätten. Im Juni 1918 gründete England eine hauptsächlich mit Handley Page-Bombern ausgerüstete strategische Bomberwaffe, die Independent Force, um Ziele in Deutschland anzugreifen. Am 6. April 1917 traten die USA in den Krieg ein. Während des ganzen Jahres 1918 trug die überwiegend mit Flugzeugen französischer Herkunft ausgerüstete „American Expeditionary Force" (AEF) sehr viel zur Bombenoffensive bei. Diese wurde bis Kriegsende aufrechterhalten.

Die Tragfähigkeit der Bombenflugzeuge stieg während des Ersten Weltkrieges derart, dass nach den kleinen 10 kg schweren Bomben, die 1914 die Norm darstellten, riesige bunkerbrechende Waffen mit bis zu 750 kg Gewicht und hochexplosivem Sprengstoff entstanden. Die am meisten verwendeten Bomben wogen etwa 100 kg. Die Handley Page V/1500, die zur Zeit des Waffenstillstandes einsatzbereit war, konnte aber zwei 1500 kg schwere Bomben mitführen. Die kleinen Bomben wurden häufig von Beobachtungs-Zweisitzern mitgeführt, mehr der Belästigung als des Kampfwertes wegen. Manchmal konnten diese Bomben aber auch anders und mit aufsehenerregendem Resultat verwendet werden. Ein solches Ereignis war die Zerstörung des Zeppelins LZ.37 im Juni 1915 durch Flt. Sub-Lt. Warneford vom RNAS. Er flog oberhalb des Luftschiffes und warf sechs kleine Bomben in dessen Hülle. Warneford erhielt dafür das Victoria Cross, denn es war das erste Mal, dass ein Zeppelin durch ein anderes Luftfahrzeug abgeschossen worden war. Was die Bewaffnung anbetrifft, so dienten die mitgeführten MGs hauptsächlich zur Verteidigung des Flugzeuges. Die Standardwaffe der deutschen Beobachter, das Parabellum-MG, war die Vorkriegsvariante LMG.08 des Maxim-Infanterie-Maschinengewehres. Die entsprechende Waffe der Alliierten war das Lewis-MG.

Eine Variante des klassischen Bombers wurde 1914-18 entwickelt: der Torpedobomber. Allerdings haben diese Flugzeuge nicht entscheidend am Kriegsgeschehen teilgenommen. Erfolgreiche Torpedoabwürfe wurden zwar von verschiedenen Flugzeugen durchgeführt, doch ist die Anzahl dadurch versenkter oder zerstörter Schiffe unbedeutend, verglichen mit der durch konventionelle Sprengbomben zerstörten Tonnage.

Die Verwendung von Wasserflugzeugen zur Verteidigung der Marinestützpunkte und zur Überwachung der See war ein wichtiges Element der Kriegsführung. Deutschland scheute sich als einziger der kriegführenden Staaten, die Vorteile des Flugbootes für diese Aufgabe auszunützen, setzte aber die verschiedensten Schwimmerflugzeuge ein. Diese waren einerseits an Bord von Wasserflugzeugträgern oder anderen Schiffen, andererseits in Marinefliegerstützpunkten entlang der Küste stationiert. In England wurden ebenfalls zu diesem Zweck neben Flugbooten Schwimmerflugzeuge eingesetzt: Fairey Campania, Short 184 und Sopwith Baby.

Die Flugboote von Lohner, Macchi, Tellier und FBA aus Österreich, Italien und Frankreich waren meist mittelgrosse zweisitzige Flugzeuge mit bescheidener Defensivbewaffnung und kleinen Bombenzuladungen. Sie gehörten zu den weniger berühmten Flugzeugen des Weltkrieges, führten

aber eine Menge wertvoller Routinearbeit durch. Das grosse Flugboot tauchte zuerst in Form der mittelmässigen Curtiss „America" aus den USA auf. Commander John Porte vom RNAS entwickelte daraus das Flugboot Felixstowe F.2A, ein sehr gutes und seetüchtiges Langstrecken-Patrouillenflugboot, das noch für mehr als 20 Jahre nach dem Krieg als Muster für die weitere Flugbootentwicklung gelten durfte. Porte gehörte zu einer kleinen Gruppe von Marineoffizieren, die sich grosse Verdienste um die Entwicklung des Marineflugwesens erwarben. Ebenfalls zu dieser Gruppe gehörte Squadron Commander E.H. Dunning. Er verunglückte im August 1917 tödlich, als er im Rahmen eines Versuchsprogramms zur Vervollkommnung von Start und Landung vom Schiffsdeck aus mit einer Sopwith Pup eine Deckslandung ausführte.
Der Erste Weltkrieg bildete den Anlass zum ersten eigentlichen Luftkrieg. Damals wie später richtete sich die Aufmerksamkeit hauptsächlich auf die beteiligten Jagd- und Bombenflugzeuge. 1914-18 waren es aber die zweisitzigen Aufklärungs- und Beobachtungsflugzeuge, welche die Hauptarbeit verrichteten. Von Kriegsausbruch an glaubten die meisten offiziellen Stellen, dass der Wert des Flugzeuges hauptsächlich – ja ausschliesslich – darin bestehe, das Kriegsgeschehen zu beobachten und nicht selbst in den Kampf einzugreifen. Selbst als sich diese Ansicht als falsch erwiesen hatte, blieb der Wert des Beobachtungsflugzeuges ungeschmälert.
In den ersten Kriegsmonaten wurden von beiden Seiten Flugzeuge zum Beobachten der Truppenbewegungen über die feindlichen Linien geschickt. Auch zur Beurteilung der Lage des Artilleriefeuers wurden bald Flugzeuge verwendet. Anfangs waren die meisten dieser Flugzeuge unbewaffnet, aber nur wenige Wochen vergingen, bis die Beobachter Revolver, Karabiner, Jagdgewehre und die verschiedensten anderen oft bizarren Waffen mit in das Flugzeug nahmen. Man wollte damit ein feindliches Flugzeug bekämpfen, sofern sich dazu Gelegenheit bot. Mit der Einführung dieser Praxis waren alle Beobachter gezwungen, sich mit ähnlichen Mitteln zur Verteidigung auszurüsten. Aus diesen ersten gelegentlichen Begegnungen entwickelten sich Kunst und Technik des Luftkampfes. Einerseits führte dies zur Entstehung des Jagdflugzeuges als spezialisiertes Kampfflugzeug, andererseits wurde es nötig, schnellere, wendigere und besser bewaffnete Aufklärungsflugzeuge zu bauen, die sich mit Erfolg den Jägern entziehen oder sie bekämpfen konnten.
Man darf nicht vergessen, dass bei den damaligen Zweisitzern der Beobachter meist im vorderen Cockpit sass. Bei einem Flugzeug mit Zugpropeller hatte er daher vor sich den Motorblock, war von Spanndrähten und Streben umgeben und hinter seinem Rücken sass der Pilot. Als Waffen angewendet wurden, hatte der Beobachter kaum ein brauchbares Schussfeld, und die Sicht für die Beobachtung war nicht viel besser. Ausserdem bestand immer die Gefahr, dass eine Kugel einen Spanndraht oder sogar ein Steuerkabel zerriss. Trotz dieser Schwierigkeiten wurden mit freihändig gehaltenen Waffen und unter widrigen Umständen einige

Erfolge erzielt.
Als erste Nation überwand Deutschland diese Nachteile. Im Frühjahr 1915 wurde die neue Klasse der C-Typen eingeführt. Bei diesen bewaffneten Zweisitzern sass der Beobachter im hinteren Cockpit und hatte daher ein gutes Schussfeld. Die freihändig bediente Waffe wurde durch ein MG auf Ringlafette ersetzt, die erlaubte, das MG nach fast allen Richtungen zu drehen. Durch diese Neuerungen wurde der deutsche Zweisitzer zu einem ernst zu nehmenden Gegner, welchem bis zum Kriegsende grosser Respekt entgegengebracht wurde. Die meisten deutschen und österreichischen C-Typen waren recht wendig, einige konnten sich durchaus mit den besten Jägern der Alliierten messen. Selbst Jagdflugzeugen der letzten Kriegsjahre, wie der S.E.5a, machten die besten deutschen Zweisitzer, die D.F.W. und L.V.G., schwer zu schaffen. Einige der Fotoaufklärer, C-Typen wie z.B. die modernsten Rumpler, konnten in Höhen von über 6000 m, weit über der Gipfelhöhe der alliierten Jäger, operieren. Für solche Aufträge waren geheizte Anzüge und Sauerstoffmasken nötig, beides eher seltene Ausrüstungsgegenstände bei anderen Flugzeugtypen.
Deutschland mit seiner grossen Flugzeugindustrie war in der Lage, die verschiedensten Aufklärungszweisitzer zu entwickeln. Auf alliierter Seite waren diese Typen weniger vielfältig. Die italienischen SAML- und Ansaldo-Aufklärer gehörten zu den besten. Die Ansaldo (ein Einsitzer) war vermutlich das schnellste Aufklärungsflugzeug des Krieges überhaupt. Russlands einziger eigener Beitrag bestand in der mittelmässigen Anatra. Frankreich verwendete Konstruktionen aus der Vorkriegszeit von Farman und Caudron, später von Nieuport und Spad, bis Anfang 1918 die Salmson 2 erschien. In England verliess man sich zu lange auf die unglückliche B.E.2-Serie der Royal Aircraft Factory. Diese Flugzeuge waren die Hauptbeute der Fokker-Eindecker und der späteren deutschen Doppeldecker. Die B.E. war eine gute und ausgereifte Entwicklung mit vielen guten Flugeigenschaften. Dummerweise begriffen die führenden Leute nicht, dass gerade die Eigenschaften, welche das Flugzeug so sicher und stabil machten, die direkte Ursache seines Versagens waren. Die grosse Stabilität der B.E.2 machte ein Entkommen angesichts der wendigen deutschen Jäger unmöglich. Ihre Geschwindigkeit und Gipfelhöhe waren ebenfalls zu gering. Zudem verharrten ihre Konstrukteure in der veralteten Praxis, den Beobachter im vorderen Cockpit unterzubringen, umgeben von Streben, Drähten und behindert durch den Motor. Dadurch wurde die an sich schon geringe Verteidigungsmöglichkeit weiter herabgesetzt. Alles in allem ist es nicht erstaunlich, dass die B.E. zu Dutzenden vom Himmel geschossen wurden.
Um ein richtiges Verhältnis zu den Flugzeugen der Zeit 1914-18 zu haben, muss man sich die Bedingungen vergegenwärtigen, unter denen die Besatzungen ihre Kampfaufträge auszuführen hatten. Fast immer mussten die Besatzungen in offenen Cockpits und ungeheizten Anzügen fliegen, meist in Höhen, wo die starke Kälte nicht nur die Leistungsfähigkeit der Besatzungen beeinträchtigte, sondern auch die Schmierung von Motor und

Waffe. Ladehemmungen waren selbst bei den sonst ausgezeichneten Flugzeugen der letzten Kriegsjahre nur eine allzu häufige Erscheinung. Oft musste wegen eines verklemmten MGs oder eines ähnlichen Missgeschickes der Kampf einseitig abgebrochen werden. Auf dem Boden waren die Flugzeuge meist im Freien, bestenfalls in Zelten aufgestellt. Man kann sich die Schäden an der Leinwandbespannung, verursacht durch die bittere Kälte an der russischen Front, die grosse Feuchtigkeit an der Westfront oder die gleissende Hitze im Mittleren Osten vorstellen. Die Leistungen, welche für die einzelnen Flugzeugtypen angegeben wurden, sind unter mehr oder weniger idealen Flugbedingungen erreicht worden. Meist waren diese jedoch nicht vorhanden.

DIE FARBTAFELN

Um das Auffinden der Flugzeugtypen zu erleichtern, sind die folgenden 67 Farbtafeln nach äusseren Merkmalen geordnet und in folgende Gruppen aufgeteilt: Eindecker mit Zugpropeller, Doppeldecker mit Druckpropeller, Doppeldecker mit Zugpropeller, Flugboote und Schwimmerflugzeuge. Der geteilte Grundriss erlaubt in einer Zeichnung sowohl Flugzeugoberseite als auch - unterseite darzustellen. Die Kennummern der einzelnen Tafeln stimmen mit den entsprechenden Nummern im Text überein. Ein Verzeichnis aller Typen befindet sich auf den Seiten 14 und 15.
Die Seeflugzeuge Curtiss H-4/12/16, Fairey Campania und Felixtowe F-2A/F.3, die in der ersten Auflage dieses Buches enthalten waren, sind jetzt im Band „Flugboote und Wasserflugzeuge seit 1910" zu finden.
Um Missverständnisse auszuräumen, die bei der Lektüre der 1. Auflage dieses Bandes entstanden, hier noch einige Anmerkungen:
1. Bei den geteilten Rissen darf nicht vorausgesetzt werden, dass der nicht sichtbare Teil der Flugzeugtarnung eine spiegelbildliche Fortsetzung der abgebildeten Hälfte ist.
2 Nicht alle Farbtafeln geben Standardtarnungen oder die Bemalung bei der Ablieferung an die Truppe wieder. Einige Tafeln zeigen „verwitterte" Flugzeuge.
3. Das trifft besonders auf die britische Khakifarbe P.C.10 zu (siehe Anhang 2), bei der in den Grenzen der Farbdruckmöglichkeiten versucht wurde, die Farbgebung unter den verschiedensten Bedingungen zu illustrieren, von der werksfrischen Maschine mit grösstmöglicher Verschiebung nach grün hin (z.B. Seite 59) bis zum stark verwitterten Flugzeug (z.B. Seite 64).

REGISTER

Die Nummern beziehen sich auf die Abbildungen und den zugehörigen Text

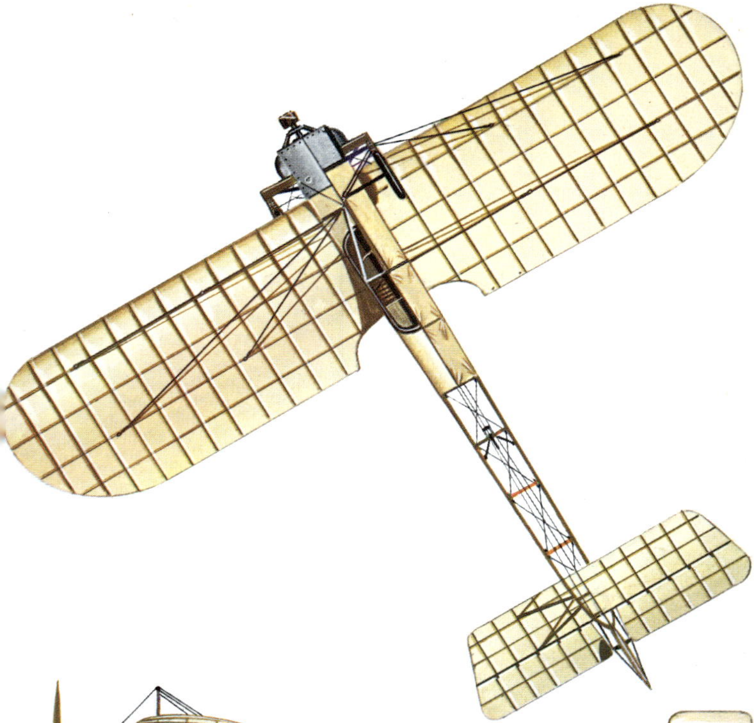

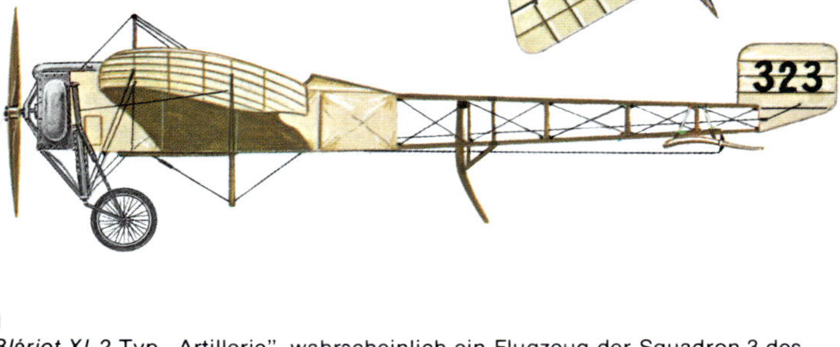

1

Blériot XI-2 Typ „Artillerie", wahrscheinlich ein Flugzeug der Squadron 3 des RFC., 1914.

Triebwerk: Ein 70 PS Gnôme 7A Rotationsmotor. *Spannweite:* 8,90 m. *Länge:* 7,80 m. *Flügelfläche:* 15 m². *Startgewicht:* 400 kg. *Höchstgeschwindigkeit:* 90 km/h in Meereshöhe. *Gipfelhöhe:* 2 000 m. *Flugdauer:* 3 h 30 min.

AGO C.II (D)

2

Ago C.II der Deutschen Fliegertruppe, Sommer 1915.
Triebwerk: Ein wassergekühlter 220 PS Benz Bz.IV Reihenmotor. *Spannweite:* 14,50 m. *Länge:* 9,84 m. *Flügelfläche:* 47,40 m². *Startgewicht:* 1 360 kg. *Höchstgeschwindigkeit:* 137 km/h in Meereshöhe. *Gipfelhöhe:* rund 4 500 m. *Reichweite:* 580 km.

BREGUET BrM.5 (F)

3

Bréguet BrM.5. Das abgebildete Flugzeug ist sehr wahrscheinlich eine in Frankreich gebaute Vorserienmaschine, die nach England geliefert wurde, um für den von Graham-White gebauten Typ XIX als Muster zu dienen. Spätsommer 1915. Die Daten gelten für die Serienmaschinen G.W.XIX.
Triebwerk: Ein wassergekühlter 250 PS Rolls-Royce I (Eagle) V-Motor. *Spannweite:* 17,58 m. *Länge:* 7,94 m. *Flügelfläche:* 57,70 m². *Startgewicht:* 2 150 kg. *Höchstgeschwindigkeit:* 138 km/h in Meereshöhe. *Gipfelhöhe:* 4 300 m. *Reichweite:* 700 km.

VOISIN 5 (F)

4

Voisin Voi. 5B 2 (Typ La.S) der französischen Aviation Militaire, Sommer 1916. *Triebwerk:* Ein wassergekühlter 150 PS Salmson (Canton-Unné) 9P Sternmotor. *Spannweite:* 14,74 m. *Länge:* 9,50 m. *Flügelfläche:* 45,00 m². *Startgewicht:* 1 370 kg. *Höchstgeschwindigkeit:* 112 km/h in Meereshöhe. *Gipfelhöhe:* 3 500 m. *Flugdauer:* 3 h, 30 min.

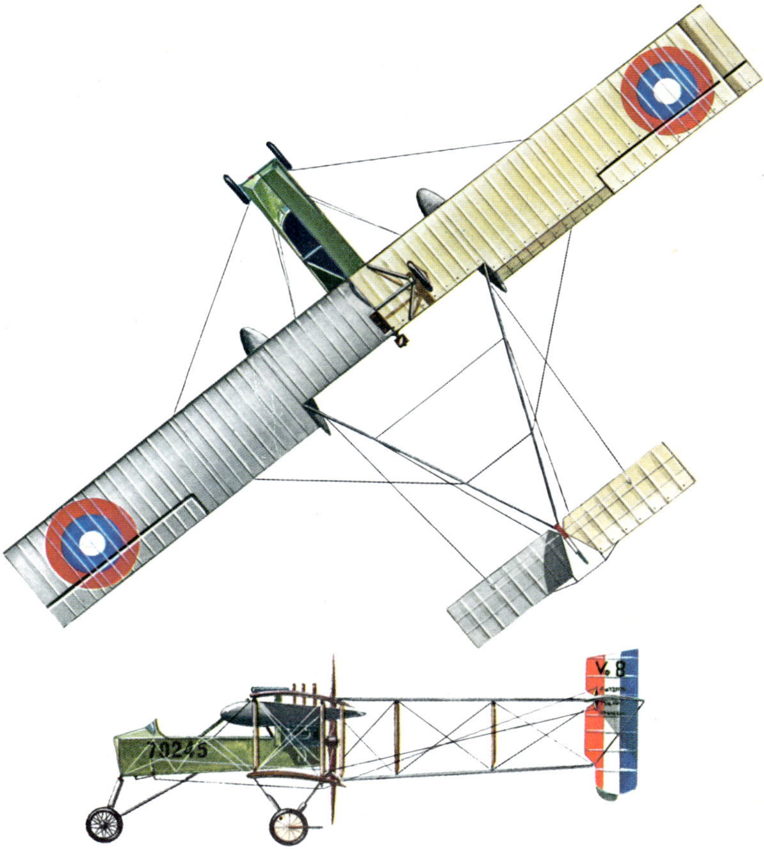

5

Voisin Voi. 8Bn.2 (Type La.P) Bomber-Schulflugzeug der A.E.F., Frankreich, April 1918.

Triebwerk: Ein wassergekühlter 220 PS Peugeot 8 Aa Reihenmotor. *Spannweite:* 18,00 m. *Länge:* 10,35 m. *Flügelfläche:* 63,00 m². *Startgewicht:* 1 860 kg. *Höchstgeschwindigkeit:* 118 km/h in Meereshöhe. *Gipfelhöhe:* 4 300 m. *Flugdauer:* 4 h. 0 min.

FARMAN HF.23 (F)

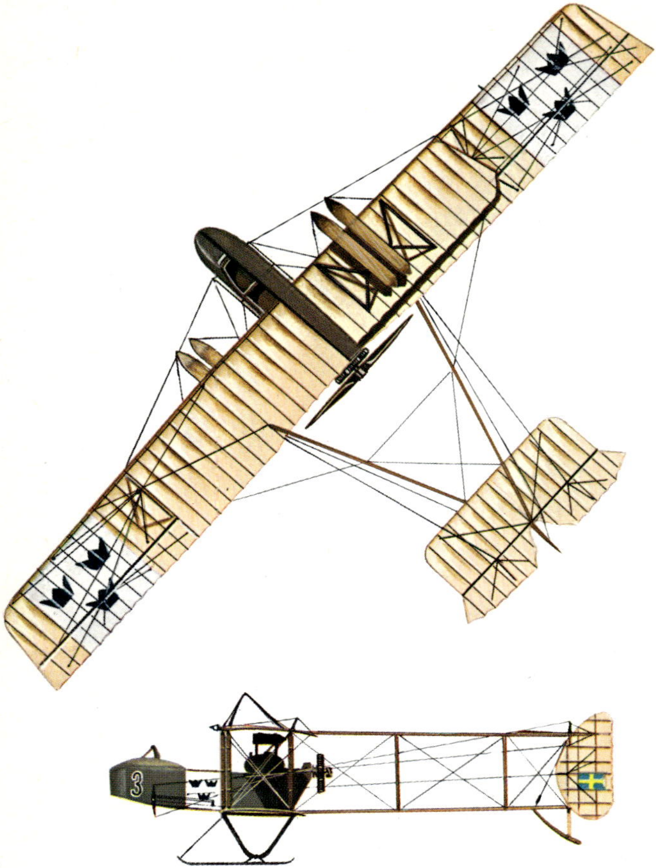

6

Henri Farman HF.23 (SW. 11), gebaut von Södertälje, Schwedische Marinefliegertruppe, 1914.

Triebwerk: Ein 80 PS Gnôme 7A Rotationsmotor. *Spannweite:* 15,00 m. *Länge:* 8,90 m. *Flügelfläche:* ca 33,50 m². *Startgewicht:* 680 kg. *Höchstgeschwindigkeit:* 90 km/h in Meereshöhe. *Gipfelhöhe:* 2 750 m. *Flugdauer:* 3 h. 30 min.

FARMAN F.40 (F)

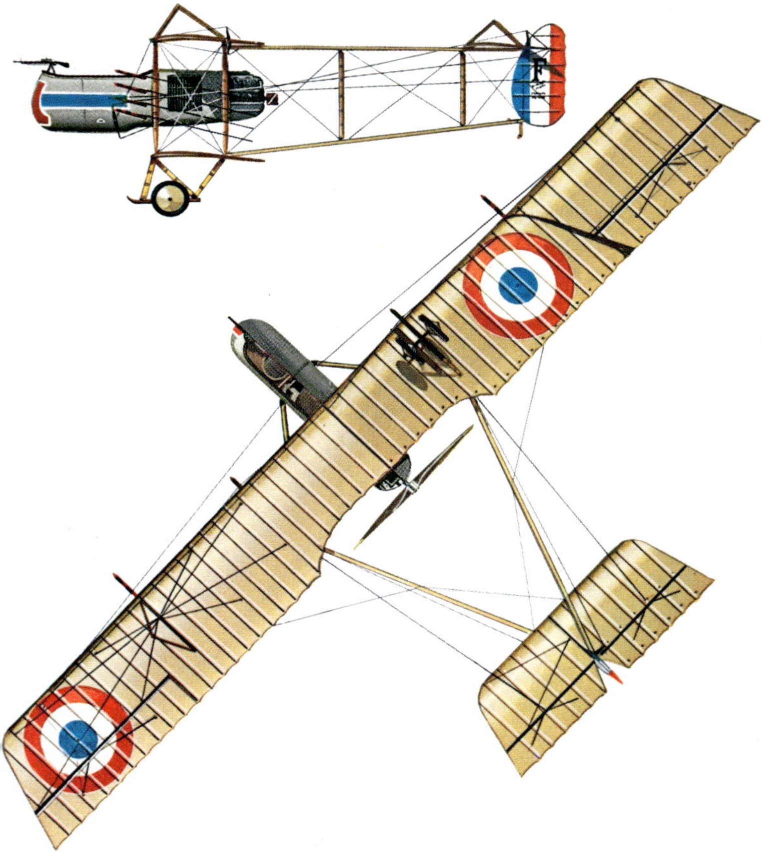

7

Farman F.40 der französischen Aviation Militaire, 1916.
Triebwerk: Ein wassergekühlter 160 PS Renault V-Motor. *Spannweite:* 17,67 m. *Länge:* 9,25 m. *Flügelfläche:* 52,00 m^2. *Startgewicht:* 1 120 kg. *Höchstgeschwindigkeit:* 135 km/h in 2 000 m. *Gipfelhöhe:* 4 000 m. *Flugdauer:* 2 h. 20 min.

FRIEDRICHSHAFEN G.III (D)

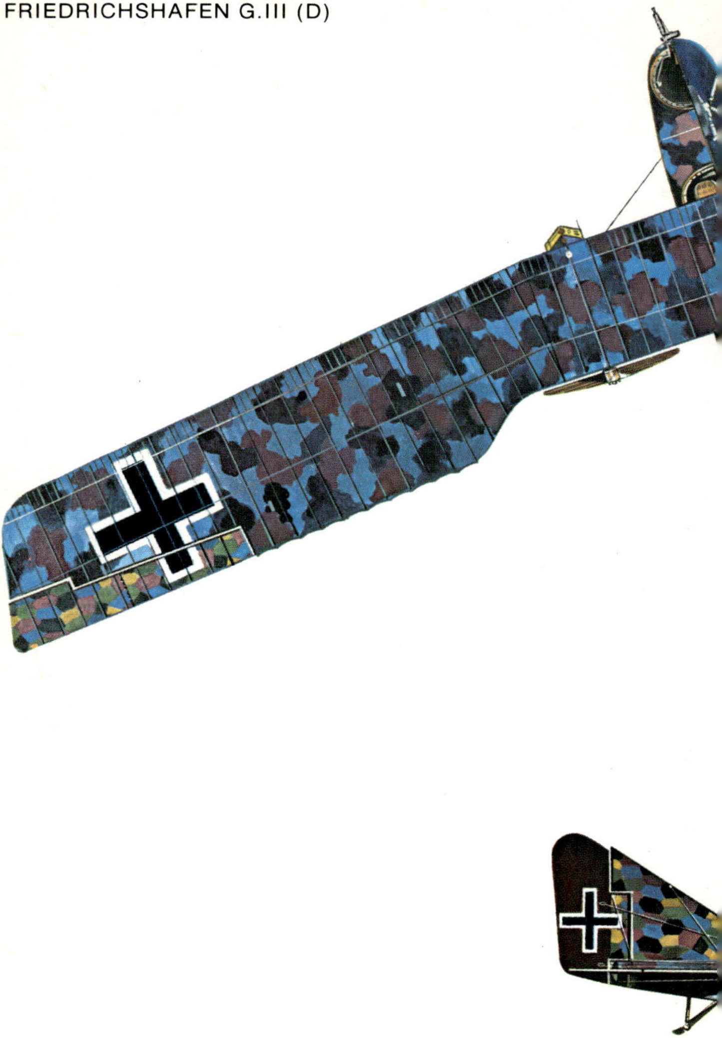

8

Friedrichshafen G.III, wahrscheinlich von Bogohl 2 der Deutschen Fliegertruppe, Mai 1918.

Triebwerke: Zwei wassergekühlte 260 PS Mercedes D.IVa Reihenmotoren. *Spannweite:* 23,75 m. *Länge:* 12,85 m. *Flügelfläche:* 86,00 m². *Startgewicht:* 3 940 kg. *Höchstgeschwindigkeit:* 141 km/h in 1 000 m. *Gipfelhöhe:* 4 500 m. *Flugdauer:* 5 h. 0 min.

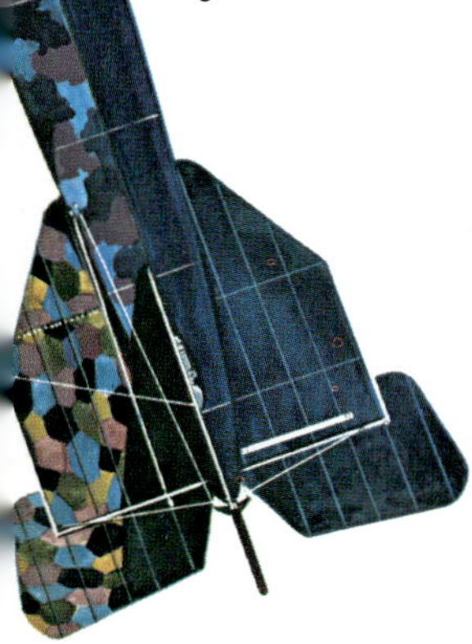

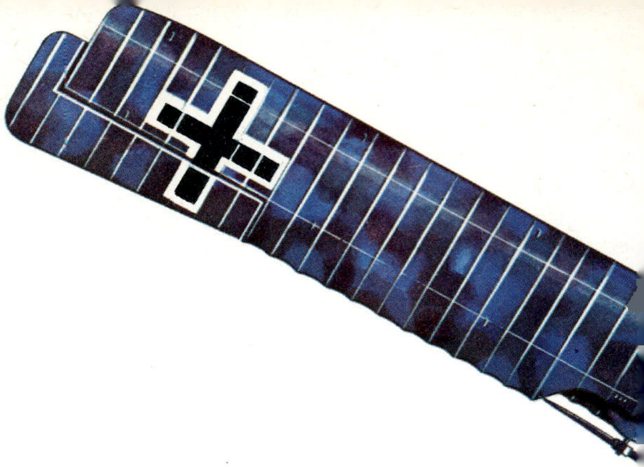

9

Gotha G.V der Deutschen Fliegertruppe, April 1918.
Triebwerke: Zwei wassergekühlte 260 PS Mercedes D.IVa Reihenmotoren. *Spannweite:* 23,70 m. *Länge:* 12,35 m. *Flügelfläche:* 89,50 m². *Startgewicht:* 3 975 kg. *Höchstgeschwindigkeit:* 140 km/h in Meereshöhe. *Gipfelhöhe:* 6 500 m. *Reichweite:* 840 km.

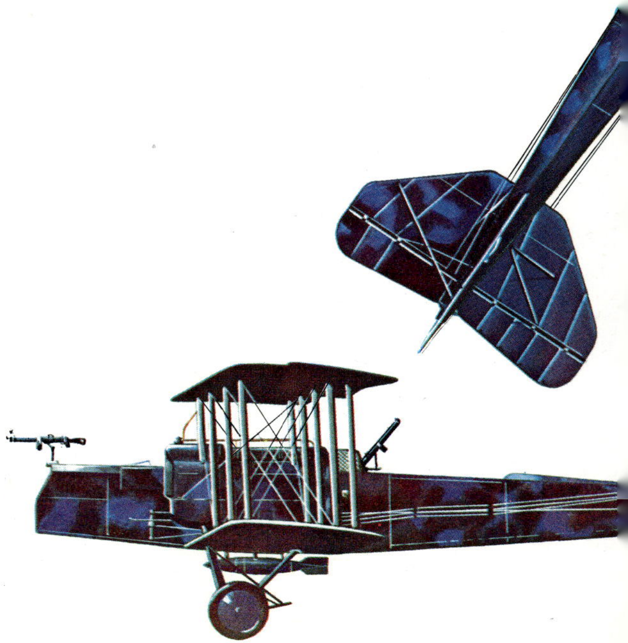

D.F.W. B.I. (D)

10

D.F.W. B.I der Deutschen Fliegertruppe, 1915.

Triebwerk: Ein wassergekühlter 100 PS Mercedes D.I Reihenmotor. *Spannweite:* 14,00 m. *Länge:* 8,40 m. *Flügelfläche:* ca. 34,30 m². *Startgewicht:* 1 015 kg. *Höchstgeschwindigkeit:* 120 km/h in Meereshöhe. *Gipfelhöhe:* 3 000 m. *Flugdauer:* rund 4 h. 0 min.

11

Lloyd C.II, von Lloyd gebaut, Österreichisch-Ungarische Fliegertruppe, 1915. *Triebwerk:* Ein wassergekühlter 145 PS Hiero Reihenmotor. *Spannweite:* 14,00 m. *Länge:* 9,00 m. *Flügelfläche:* ca. 34,75 m². *Startgewicht:* rund 1 350 kg. *Höchstgeschwindigkeit:* 128 km/h in Meereshöhe. *Gipfelhöhe:* 3 000 m. *Flugdauer:* rund 2 h. 30 min.

HANSA-BRANDENBURG C.I (Oe.U.)

12

Hansa-Brandenburg C.I der Deutschen Fliegertruppe, Frühjahr 1916. Angaben gelten für die bei Phönix gebaute Serie 23.

Triebwerk: Ein wassergekühlter 160 PS Austro-Daimler Reihenmotor. *Spannweite:* 13,12 m. *Länge:* 8,20 m. *Flügelfläche:* 43,46 m². *Startgewicht:* 1060 kg. *Höchstgeschwindigkeit:* 125 km/h in Meereshöhe. *Gipfelhöhe:* 5 800 m. *Flugdauer:* rund 3 h. 0 min.

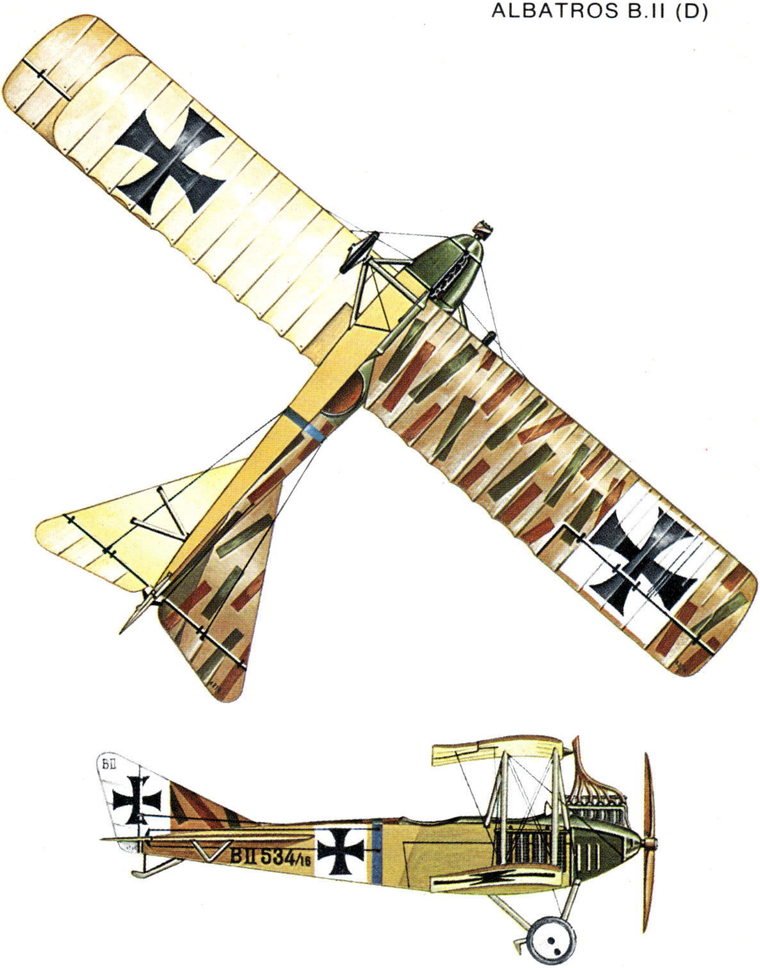

13
Albatros B.II der Deutschen Fliegertruppe, April 1916.
Triebwerk: Ein wassergekühlter 100 PS Mercedes D.I Reihenmotor. *Spannweite:* 12,80 m. *Länge:* 7,63 m. *Flügelfläche:* 40,12 m^2. *Startgewicht:* 1 071 kg. *Höchstgeschwindigkeit:* 105 km/h in Meereshöhe. *Gipfelhöhe:* 3 000 m. *Flugdauer:* 4 h. 0 min.

AVIATIK B.II (Oe.U.)

14
Österreichische Aviatik B.II der österreichisch-ungarischen Fliegertruppe, Anfang 1916.
Triebwerk: Ein wassergekühlter 120 PS Austro-Daimler Reihenmotor. *Spannweite:* 14,00 m. *Länge:* 8,00 m. *Flügelfläche:* ca 32,50 m². *Startgewicht:* 870 kg. *Höchstgeschwindigkeit:* 109 km/h in Meereshöhe. *Gipfelhöhe:* 2 500 m. *Flugdauer:* 4 h. 0 min.

15

Lohner C.I, von Lohner gebaut, österreichisch-ungarische Fliegertruppe, 1916. *Triebwerk:* Ein wassergekühlter 160 PS Austro-Daimler Reihenmotor. *Spannweite:* 13,45 m. *Länge:* 9,22 m. *Flügelfläche:* ca. 38,40 m². *Startgewicht:* rund 1 360 kg. *Höchstgeschwindigkeit:* 137 km/h in Meereshöhe. *Gipfelhöhe:* 3 500 m. *Flugdauer:* rund 3 h. 0 min.

16

Albatros C.I der Deutschen Fliegertruppe, Ende 1915.
Triebwerk: Ein wassergekühlter 160 PS Mercedes D.III Reihenmotor. *Spannweite:* 12,90 m. *Länge:* 7,85 m. *Flügelfläche:* 40,40 m². *Startgewicht:* 1 190 kg. *Höchstgeschwindigkeit:* 140 km/h in Meereshöhe. *Gipfelhöhe:* 3 000 m. *Flugdauer:* 2 h. 30 min.

17

Lebed'-XII der Russischen Fliegertruppe, etwa Sommer 1917.
Triebwerk: Ein wassergekühlter 150 PS Salmson (Canton-Unné) 9P Sternmotor. *Spannweite:* 13,15 m. *Länge:* 7,96 m. *Flügelfläche:* 42,00 m². *Startgewicht:* 1 212 kg. *Höchstgeschwindigkeit:* 133 km/h in Meereshöhe. *Gipfelhöhe:* 3 500 m. *Flugdauer:* 3 h. 0 min.

ALBATROS C.III (D)

18
Albatros C.III der Deutschen Fliegertruppe, Sommer 1916.
Triebwerk: Ein wassergekühlter 160 PS Mercedes D.III Reihenmotor. *Spannweite:* 11,70 m. *Länge:* 8,00 m. *Flügelfläche:* 36,90 m². *Startgewicht:* 1 353 kg. *Höchstgeschwindigkeit:* 140 km/h in Meereshöhe. *Gipfelhöhe:* 3 400 m. *Flugdauer:* 4 h. 0 min.

19

Dorand ARL. 1.A2 der Französischen Fliegertruppe, etwa Ende 1916. Die Angaben gelten für AR.1.A2.

Triebwerk: Ein 190 PS Renault 8 Bd V-Motor. *Spannweite:* 13,27 m. *Länge:* 9,14 m. *Flügelfläche:* 50,36 m^2. *Startgewicht:* 1 250 kg. *Höchstgeschwindigkeit:* 153 km/h in 2 000 m. *Gipfelhöhe:* 5 500 m. *Flugdauer:* 3 h. 0 min.

RUMPLER C.I (D)

20
Rumpler C.I der Deutschen Fliegertruppe, 1915.
Triebwerk: Ein wassergekühlter 160 PS Mercedes D.III Reihenmotor. *Spannweite:* 12,15 m. *Länge:* 7,85 m. *Flügelfläche:* 35,70 m². *Startgewicht:* 1 330 kg. *Höchstgeschwindigkeit:* 152 km/h in Meereshöhe. *Gipfelhöhe:* 5 050 m. *Flugdauer:* 4 h. 0 min.

21

D.F.W. C.V der Deutschen Fliegertruppe, im Juli 1918 von U.S. Streitkräften erbeutet.

Triebwerk: Ein wassergekühlter 200 PS Benz Bz.IV Reihenmotor. *Spannweite:* 13,27 m. *Länge:* 7,87 m. *Flügelfläche:* 42,50 m². *Startgewicht:* 1 430 kg. *Höchstgeschwindigkeit:* 155 km/h in 1 000 m. *Gipfelhöhe:* 6 400 m. *Flugdauer:* 4 h. 30 min.

A.E.G. C.IV (D)

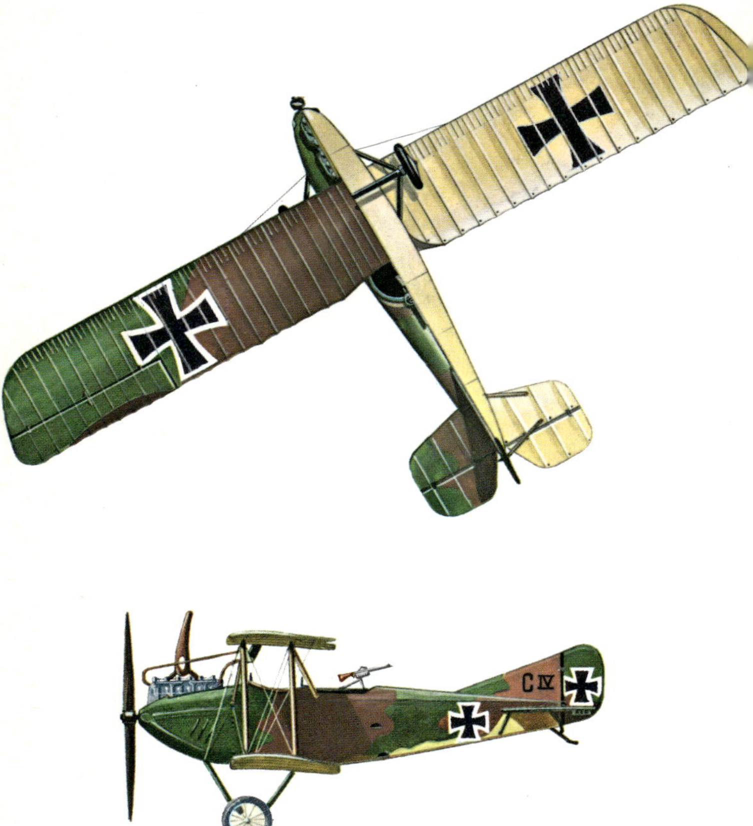

22
A.E.G. C.IV der Deutschen Fliegertruppe, 1916.
Triebwerk: Ein wassergekühlter 160 PS Mercedes D.III Reihenmotor. *Spannweite:* 13,46 m. *Länge:* 7,15 m. *Flügelfläche:* 39,00 m². *Startgewicht:* 1 120 kg. *Höchstgeschwindigkeit:* 158 km/h in Meereshöhe. *Gipfelhöhe:* 5 000 m. *Flugdauer:* 4 h. 0 min.

23
Halberstadt C.V (möglicherweise bei Aviatik gebaut) der Deutschen Fliegertruppe, Sommer 1918.
Triebwerk: Ein wassergekühlter 220 PS Benz Bz.IV Reihenmotor. *Spannweite:* 13,62 m. *Länge:* 6,92 m. *Flügelfläche:* 43,00 m². *Startgewicht:* 1 365 kg. *Höchstgeschwindigkeit:* 170 km/h in Meereshöhe. *Gipfelhöhe:* 5 000 m. *Flugdauer:* 3 h. 30 min.

RUMPLER C.IV (D)

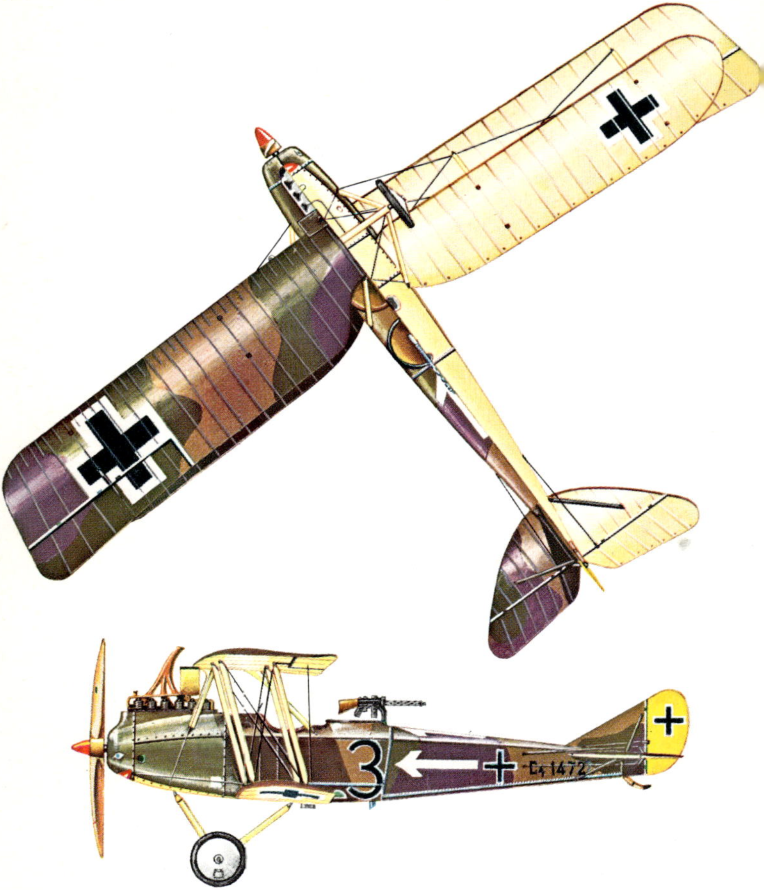

24
Rumpler C.IV der Deutschen Fliegertruppe, Ende 1917.
Triebwerk: Ein wassergekühlter 260 PS Mercedes D.IVa Reihenmotor. *Spannweite:* 12,66 m. *Länge:* 8,41 m. *Flügelfläche:* 33,50 m². *Startgewicht:* 1 530 kg. *Höchstgeschwindigkeit:* 171 km/h in 500 m. *Gipfelhöhe:* 6 400 m. *Flugdauer:* 3 h. 30 min.

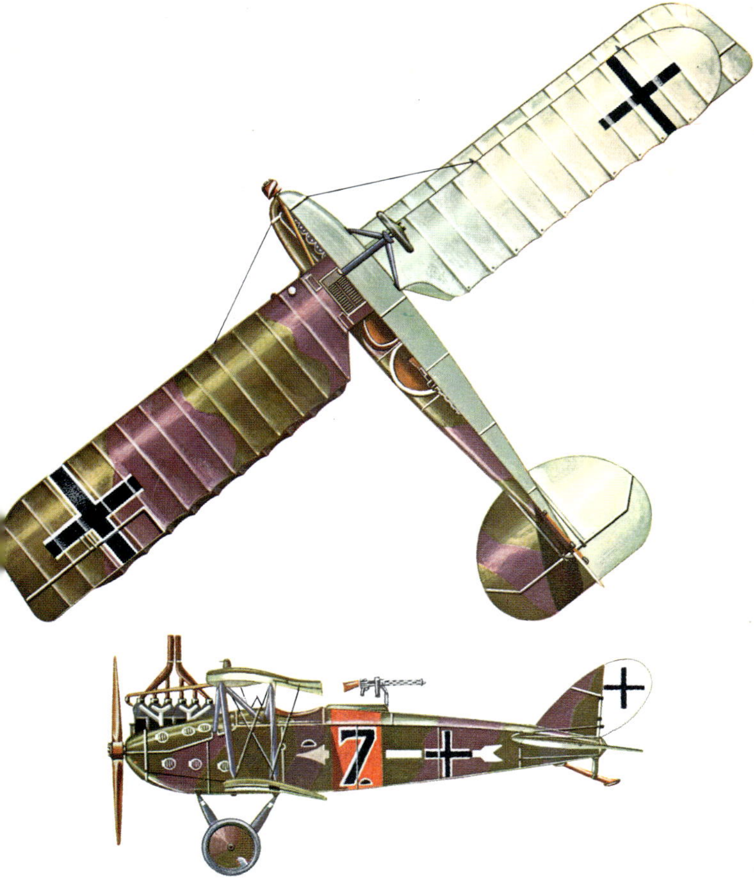

25
L.V.G. C.VI der Deutschen Fliegertruppe, 1918.
Triebwerk: Ein wassergekühlter 200 PS Benz Bz.IV Reihenmotor. *Spannweite:* 13,00 m. *Länge:* 7,45 m. *Flügelfläche:* 34,60 m². *Startgewicht:* 1 310 kg. *Höchstgeschwindigkeit:* 170 km/h in Meereshöhe. *Gipfelhöhe:* 6 500 m. *Flugdauer:* 3 h. 30 min.

ALBATROS C.XII (D)

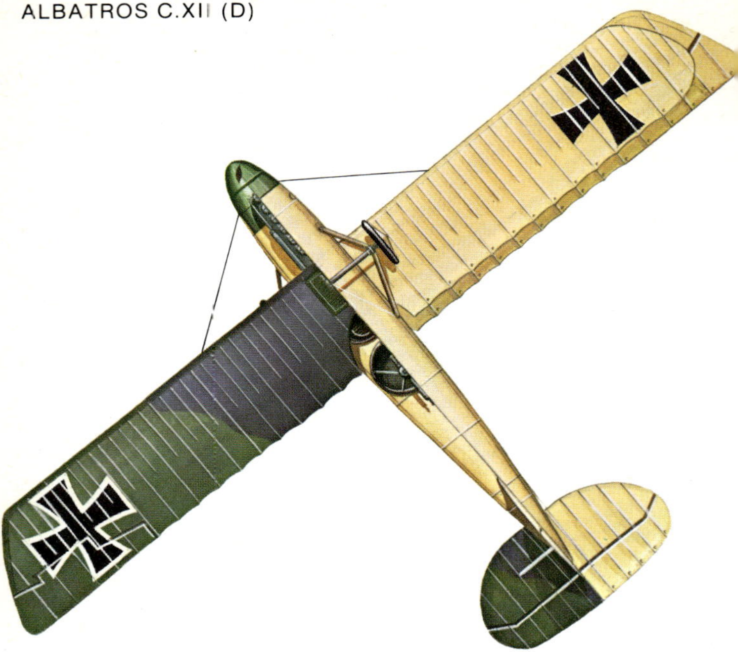

26

Albatros C.XII der Deutschen Fliegertruppe, 1918.
Triebwerk: Ein wassergekühlter 260 PS Mercedes D.IVa Reihenmotor. *Spannweite:* 14,37 m. *Länge:* 8,85 m. *Flügelfläche:* 42,70 m². *Startgewicht:* 1 640 kg. *Höchstgeschwindigkeit:* 175 km/h in Meereshöhe. *Gipfelhöhe:* 5 000 m. *Flugdauer:* 3 h. 15 min.

27

Roland C.II, von L.F.G. gebaut, einer nicht identifizierten Feld-Flieger-Abteilung der Deutschen Fliegertruppe, Westfront, Ende 1916.

Triebwerk: Ein wassergekühlter 160 PS Mercedes D.III Reihenmotor. *Spannweite:* 10,33 m. *Länge:* 7,52 m. *Flügelfläche:* 26,00 m^2. *Startgewicht:* 1 309 kg. *Höchstgeschwindigkeit:* 165 km/h in Meereshöhe. *Gipfelhöhe:* 4 000 m. *Flugdauer:* 4 h. 0 min.

PHÖNIX C.I (Oe.U.)

28
Phönix C.I, in Schweden gebaut als Phönix-Dront, der Schwedischen Armeefliegertruppe, 1919.
Triebwerk: Ein wassergekühlter 220 PS Benz Bz.IV Reihenmotor. *Spannweite:* 11,00 m. *Länge:* 7,52 m. *Flügelfläche:* ca. 23,15 m^2. *Startgewicht:* 1 105 kg. *Höchstgeschwindigkeit:* 177 km/h in Meereshöhe. *Gipfelhöhe:* 5 400 m. *Flugdauer:* rund 3 h. 30 min.

29

UFAG C.I, von Ufag gebaut, Österreichisch-Ungarische Fliegertruppe, Herbst 1918.

Triebwerk: Ein wassergekühlter 230 PS Hiero Reihenmotor. *Spannweite:* 10,72 m. *Länge:* 7,20 m. *Flügelfläche:* ca. 27,00 m^2. *Startgewicht:* rund 1 050 kg. *Höchstgeschwindigkeit:* 190 km/h in Meereshöhe. *Gipfelhöhe:* 4 900 m. *Flugdauer:* rund 3 h. 30 min.

ANATRA DS (R)

30

Anatra DS der Russischen Fliegertruppe, Frühjahr 1917.
Triebwerk: Ein wassergekühlter 150 PS Salmson (Canton-Unné) Sternmotor. *Spannweite:* 11,42 m. *Länge:* 8,10 m. *Flügelfläche:* 37,00 m². *Startgewicht:* 1 164 kg. *Höchstgeschwindigkeit:* 144 km/h in Meereshöhe. *Gipfelhöhe:* 4 300 m. *Flugdauer:* 3 h. 30 min.

31

Junkers J.I der Deutschen Fliegertruppe, Anfang 1918.
Triebwerk: Ein wassergekühlter 200 PS Benz Bz.IV Reihenmotor. *Spannweite:* 16,00 m. *Länge: 9,10 m. Flügelfläche:* 49,40 m². *Startgewicht:* 2 176 kg. *Höchstgeschwindigkeit:* 155 km/h in Meereshöhe. *Gipfelhöhe:* ca. 1 524 m. *Reichweite:* 310 km.

32
Ansaldo S.V.A.5 der 3. Gruppo Aeroplani, Corpo Aeronautica Militare, italienische Front, Juni 1918.
Triebwerk: Ein wassergekühlter 220 PS SPA 6A Reihenmotor. *Spannweite:* 9,18 m. *Länge:* 8,13 m. *Startgewicht:* 975 kg. *Höchstgeschwindigkeit:* 220 km/h in Meereshöhe. *Gipfelhöhe:* 5 000 m. *Flugdauer:* 6 h. 0 min.

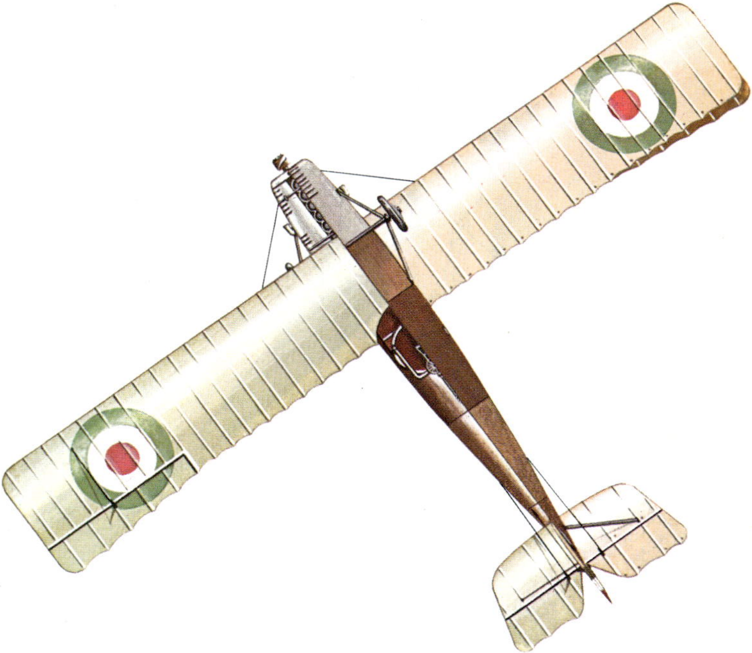

33

S.I.A. 7B.1 des Corpo Aeronautica Militare, etwa Dezember 1917.
Triebwerk: Ein wassergekühlter 260 PS Fiat A-12 Reihenmotor. *Spannweite:* 13,32 m. *Länge:* 9,06 m. *Flügelfläche:* 40,00 m². *Startgewicht:* 1 100 kg. *Höchstgeschwindigkeit:* 200 km/h in Meereshöhe. *Gipfelhöhe:* 7 000 m. *Flugdauer:* 4 h. 0 min.

POMILIO PE (I)

34

Pomilio PE des Corpo Aeronautica Militare, Frühjahr 1918.
Triebwerk: Ein wassergekühlter 300 PS Fiat A-12bis Reihenmotor. *Spannweite:* 11,80 m. *Länge:* 8,94 m. *Flügelfläche:* 46,00 m^2. *Startgewicht:* 1 537 kg. *Höchstgeschwindigkeit:* 194 km/h in Meereshöhe. *Gipfelhöhe:* 5 000 m. *Flugdauer:* 3 h. 30 min.

35
SAML S.2 der Squadriglia da Ricognizione 118a, Corpo Aeronautica Militare, Mittlerer Osten, Ende 1917.
Triebwerk: Ein wassergekühlter 300 PS Fiat A-12bis Reihenmotor. *Spannweite:* 12,10 m. *Länge:* 8,50 m. *Flügelfläche:* 39,00 m². *Startgewicht:* 1 395 kg. *Höchstgeschwindigkeit:* 162 km/h in Meereshöhe. *Gipfelhöhe:* rund 5 000 m. *Flugdauer:* 3 h. 30 min.

ROYAL AIRCRAFT FACTORY B.E.2b (G.B.)

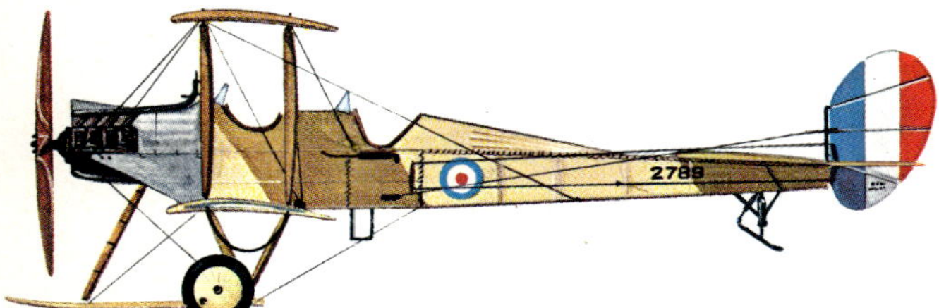

36

B.E.2b, von Joucques gebaut, wahrscheinlich ein Flugzeug der Reserve-Squadron 16 des RFC, Beaulieu, Ende 1916.

Triebwerk: Ein luftgekühlter 70 PS Renault V-Motor. *Spannweite:* 10,68 m. *Länge:* 9,00 m. *Flügelfläche:* 32,70 m². *Startgewicht:* 726 kg. *Höchstgeschwindigkeit:* 112,7 km/h in Meereshöhe. *Gipfelhöhe.* 3 048 m. *Flugdauer:* 3 h. 0 min. (Gewichts- und Leistungsangaben gelten für die weitgehend gleiche B.E.2a.).

37

B.E.2c, von Bristol gebaut, Squadron 13 des RFC vor der Verlegung nach Frankreich, Oktober 1915.

Triebwerk: Ein luftgekühlter 90 PS RAF. 1a V-Motor. *Spannweite:* 11,28 m. *Länge:* 8,31 m. *Flügelfläche:* 34,47 m². *Startgewicht:* 972 kg. *Höchstgeschwindigkeit:* 115,9 km/h in 1 981 m. *Gipfelhöhe:* 3 048 m. *Flugdauer:* 3 h. 15 min.

ROYAL AIRCRAFT FACTORY B.E.2e (G.B.)

38

B.E.2e, von Bristol gebaut, einer nicht bekannten Squadron des RFC, Frankreich, Oktober 1916.

Triebwerk: Ein luftgekühlter 90 PS RAF.1a V-Motor. *Spannweite:* 12,42 m. *Länge:* 8,31 m. *Flügelfläche:* 33,46 m^2. *Startgewicht:* 953 kg. *Höchstgeschwindigkeit:* 132 km/h in 2 000 m. *Gipfelhöhe:* 3 050 m. *Flugdauer:* 4h. o min.

ROYAL AIRCRAFT FACTORY R.E.5 (G.B.)

39

R.E.5, gebaut von der Royal Aircraft Factory, wahrscheinlich ein Flugzeug der Squadron 7 des R.F.C., Frankreich, April/Mai 1915.

Triebwerk: Ein wassergekühlter 120 PS von Beardmore gebauter Austro-Daimler Reihenmotor. *Spannweite:* 13,56 m. *Länge: 7,98 m. Flügelfläche:* 37,16 m². *Normales Startgewicht:* 1043 kg. *Höchstgeschwindigkeit:* 125,5 km/h in Meereshöhe. *Gipfelhöhe:* 4 572 m. *Flugdauer:* 4 h. 30 min.

ROYAL AIRCRAFT FACTORY R.E.7 (G.B.)

40

R.E.7, gebaut von Siddeley Deasy, bei der Royal Aircraft Factory, Farnborough, 1915, mit untergehängter 152 kg Bombe.
Triebwerk: Ein luftgekühlter 150 PS RAF.4a V-Motor. *Spannweite:* 17,37 m. *Länge:* 9,72 m. *Flügelfläche:* 50,91 m². *Startgewicht:* 1 564 kg. *Höchstgeschwindigkeit:* 137 km/h in Meereshöhe. *Gipfelhöhe:* 2 000 m. *Flugdauer:* 6 h. 0 min.

ROYAL AIRCRAFT FACTORY R.E.8 (G.B.)

41

R.E.8, von Daimler gebaut, „A"-Flight der Squadron 59, RAF., Vert Galand, Mai 1918.

Triebwerk: Ein luftgekühlter 150 PS RAF.4a V-Motor. *Spannweite:* 12,98 m. *Länge:* 8,50 m. *Flügelfläche:* 35,07 m². *Startgewicht:* 1 215 kg. *Höchstgeschwindigkeit:* 164 km/h in 2 000 m/M. *Gipfelhöhe:* 4 115 m. *Flugdauer:* 4 h. 15 min.

SOPWITH 1 1/2 STRUTTER (G.B.)

42

Sopwith Typ 9700 (umgebaut aus Typ 9400), bezeichnet als 1 1/2 Strutter, 3. Wing des RNAS, Luxeuil, Frankreich, September 1916.

Triebwerk: Ein 130 PS Clerget 9B Rotationsmotor. *Spannweite:* 10,21 m. *Länge:* 7,70 m. *Flügelfläche:* 32,14 m². *Startgewicht:* 1 062 kg. *Höchstgeschwindigkeit:* 164 km/h in 2 000 m/M. *Gipfelhöhe:* 3 962 m. *Flugdauer:* rund 4 h. 0 min.

43
Sopwith T.1 Cuckoo, Prototyp in den Farben des RNAS, Isle of Grain, Juli 1917. *Triebwerk:* Ein wassergekühlter 200 PS Hispano-Suiza V-Motor. *Spannweite:* 14,25 m. *Länge:* 8,69 m. *Flügelfläche:* 52,58 m^2. *Startgewicht:* 1 620 kg. *Maximalgeschwindigkeit:* 167 km/h in 2 000 m/M. *Gipfelhöhe:* 4 755 m. *Flugdauer:* 3 h. 45 min.

AIRCO D.H.4 (G.B.)

44

De Havilland D.H.4, gebaut von Westland, Wing 5 des RNAS, Dünkirchen, Sommer 1917.

Triebwerk: Ein wassergekühlter 250 PS Rolls-Royce III (Eagle III) V-Motor. *Spannweite:* 12,92 m. *Länge:* 9,35 m. *Flügelfläche:* 40,32 m^2. *Startgewicht:* 1 503 kg. *Höchstgeschwindigkeit:* 188 km/h in 2 0000 m. *Gipfelhöhe:* 4 900 m. *Flugdauer:* 3 h. 30 min.

45

De Havilland D.H.9A, gebaut von Mann, Egerton, Squadron 205 der RAF, Herbst 1918.

Triebwerk: Ein wassergekühlter 400 PS Liberty 12 V-Motor. *Spannweite:* 14,00 m. *Länge:* 9,22 m. *Flügelfläche:* 40,32 m². *Startgewicht:* 2 107 kg. *Höchstgeschwindigkeit:* 198 km/h in Meereshöhe. *Gipfelhöhe:* 5 100 m. *Flugdauer:* 5 h. 15 min.

46

F.K.8, gebaut von Armstrong Whitworth, geflogen von Lt. A.A. McLeod und Oblt. A.W. Hammond der Squadron 2 des RFC, Frankreich, März 1918. *Triebwerk:* Ein wassergekühlter 160 PS Beardmore Reihenmotor. *Spannweite:* 13,26 m. *Länge:* 9, 45 m. *Flügelfläche:* 50,17 m^2.*Startgewicht:* 1 275 kg. *Höchstgeschwindigkeit:* 150 km/h in 2 430 m. *Gipfelhöhe:* 4 000 m. *Flugdauer:* 3 h. 0 min.

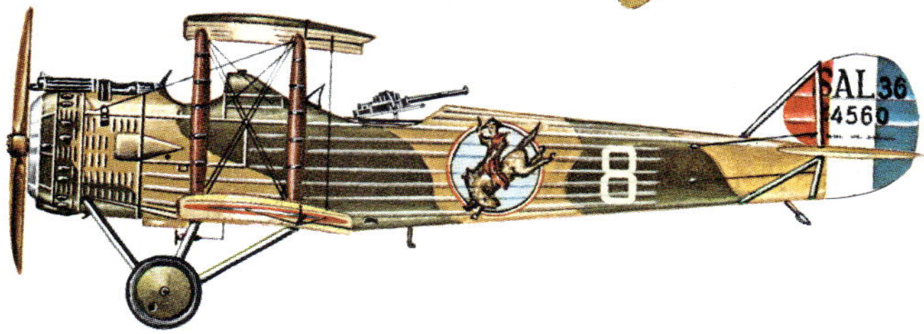

47

Salmson 2A.2 der 88. Aero Squadron, 1. Beobachtungsgruppe der amerikanischen Expeditions-Streitkräfte (A.E.F.) an der Marne, Frankreich, August 1918. *Triebwerk:* Ein wassergekühlter 260 PS Salmson (Canton-Unné) 9Z Sternmotor. *Spannweite:* 11,75 m. *Länge:* 8,50 m. *Flügelfläche:* 37,27 m². *Startgewicht:* 1 340 kg. *Höchstgeschwindigkeit:* 187 km/h in Meereshöhe. *Gipfelhöhe:* 6 250 m. *Flugdauer:* 3 h. 0 min.

SPAD XI (F)

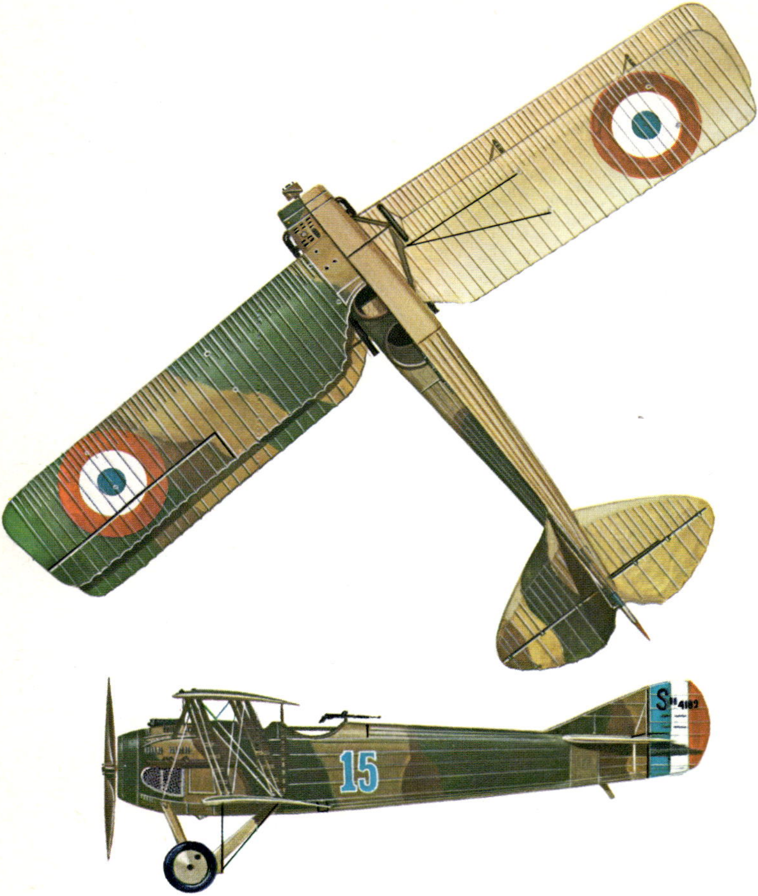

48

Spad XIA.2 der französischen Aviation Militaire, Anfang 1918.
Triebwerk: Ein wassergekühlter 235 PS Hispano-Suiza 8 Bc V-Motor. *Spannweite:* 11,23 m. *Länge:* 7,75 m. *Flügelfläche:* ca. 28,60 m². *Startgewicht:* 1 048 kg. *Höchstgeschwindigkeit:* 176 km/h in 2 000 m. *Gipfelhöhe:* 7 000 m. *Flugdauer:* 2 h. 15 min.

49

Breguet Br. 14B.2 einer nicht identifizierten Escadrille de Bombardement, französische Aviation Militaire, Ende 1917/Anfang 1918.

Triebwerk: Ein wassergekühlter 300 PS Renault 12 Fcx V-Motor. *Spannweite:* 14,36 m. *Länge:* 8,87 m. *Flügelfläche:* 50,20 m². *Startgewicht:* 1 765 kg. *Höchstgeschwindigkeit:* 177 km/h in 2 000 m. *Gipfelhöhe:* 5 800 m. *Flugdauer:* 2 h. 45 min.

50
Von Short gebautes Bombenflugzeug, wahrscheinlich von der Squadron 7 des RNAS, Belgien, Spätsommer 1916.
Triebwerk: Ein wassergekühlter 250 PS Rolls-Royce Eagle III V-Motor. *Spannweite:* 25,91 m. *Länge:* 13,72 m. *Flügelfläche:* 80,83 m². *Startgewicht:* 3 084 kg. *Höchstgeschwindigkeit:* 125 km/h in 2 000 m. *Gipfelhöhe:* 2 900 m. *Flugdauer:* 6 h. 0 min.

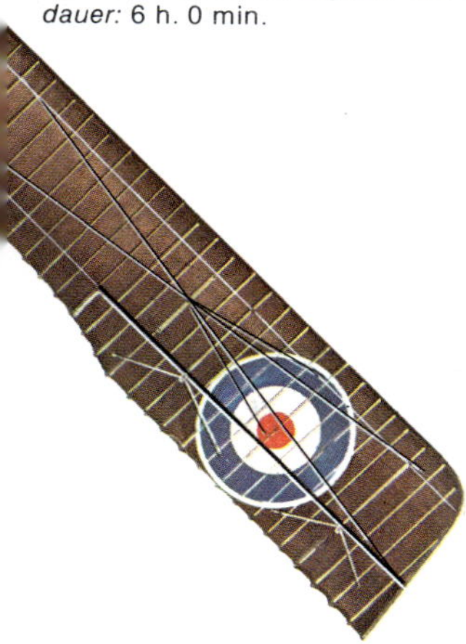

LETORD TYP 5 (F)

51

Letord Typ 5 der französischen Aviation Militaire, Frühjahr/Sommer 1917. *Triebwerke:* Zwei 220 PS Lorraine-Dietrich 8 Fb V-Motoren. *Spannweite:* 18,00 m. *Länge:* 11,17 m. *Flügelfläche:* 62,20 m². *Startgewicht:* 2 445 kg. *Höchstgeschwindigkeit:* 160 km/h in 2 000 m. *Gipfelhöhe:* 5 000 m. *Flugdauer:* 3 h. 0 min.

CAUDRON R.11 (F)

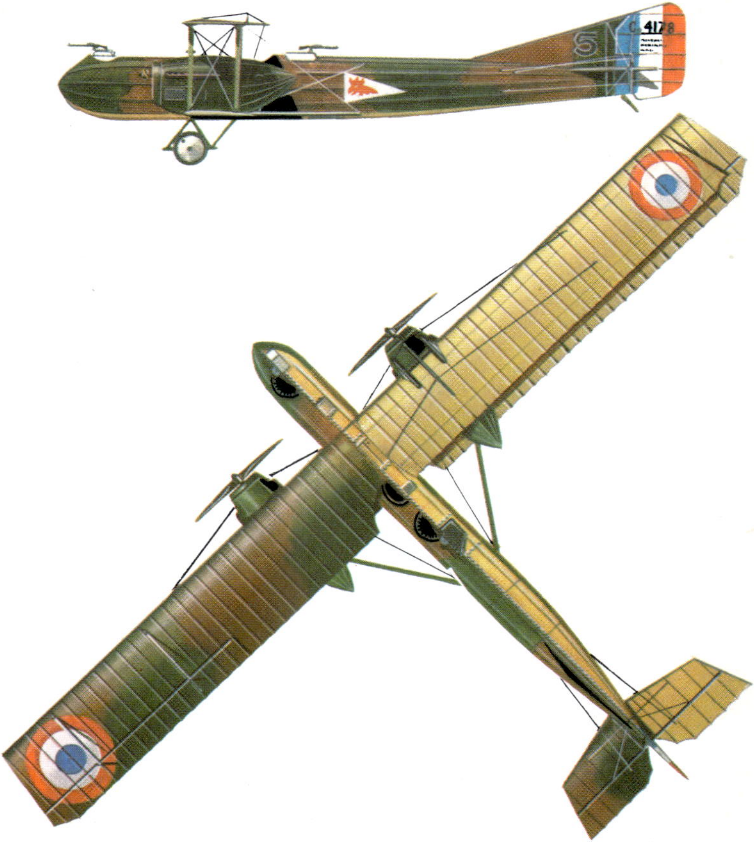

52
Caudron R.11 Bn.3 der französischen Aviation Militaire, ca. Sommer 1918. *Triebwerke:* Zwei wassergekühlte 215 PS Hispano-Suiza 8 Bda V-Motoren. *Spannweite:* 17,92 m. *Länge:* 11,22 m. *Flügelfläche:* 54,25 m². *Startgewicht:* 2 165 kg. *Höchstgeschwindigkeit:* 183 km/h in 2 000 m. *Gipfelhöhe:* 5 950 m. *Flugdauer:* 3 h. 0 min.

53
AEG G.IV der Deutschen Fliegertruppe, von den Franzosen im Mai 1918 abgeschossen.
Triebwerke: Zwei wassergekühlte 260 PS Mercedes D.IVa Reihenmotoren. *Spannweite:* 18,35 m. *Länge:* 9,85 m. *Flügelfläche:* 67,00 m². *Startgewicht:* 3 630 kg. *Höchstgeschwindigkeit:* 145 km/h in 1 500 m. *Gipfelhöhe:* 4 000 m. *Flugdauer:* rund 4 h. 30 min.

54

Handley Page 0/400 des RNAS, Anfang 1918.
Triebwerke: Zwei wassergekühlte 360 PS Rolls-Royce Eagle VIII V-Motoren. *Spannweite:* 30,48 m. *Länge:* 19,16 m. *Flügelfläche:* 153,10 m^2. *Startgewicht:* 6 060 kg. *Höchstgeschwindigkeit:* 157 km/h in Meereshöhe. *Gipfelhöhe:* 2 600 m. *Flugdauer:* 8 h. 0 min.

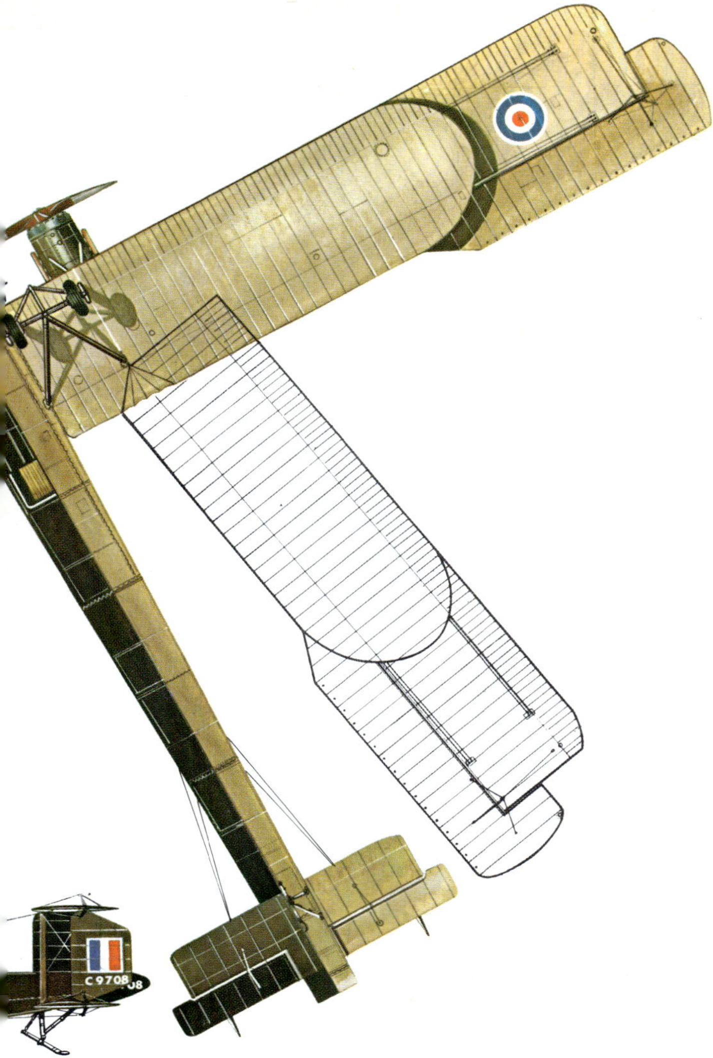
C9708

HANDLEY PAGE V/1500 (G.B.)

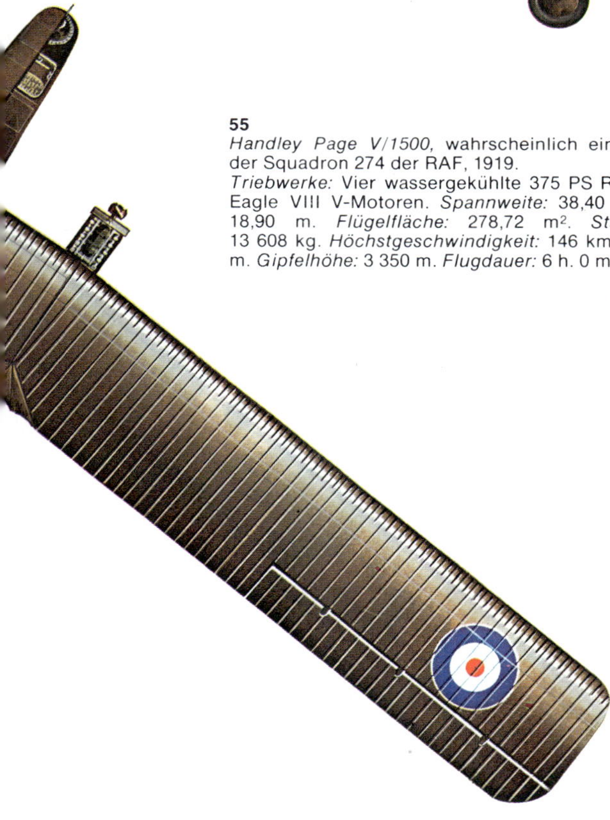

55
Handley Page V/1500, wahrscheinlich ein Flugzeug der Squadron 274 der RAF, 1919.
Triebwerke: Vier wassergekühlte 375 PS Rolls-Royce Eagle VIII V-Motoren. *Spannweite:* 38,40 m. *Länge:* 18,90 m. *Flügelfläche:* 278,72 m^2. *Startgewicht:* 13 608 kg. *Höchstgeschwindigkeit:* 146 km/h in 1 800 m. *Gipfelhöhe:* 3 350 m. *Flugdauer:* 6 h. 0 min.

56

Vickers Vimy IV. Prototyp (siehe Text) bei der Erprobung in Martlesham Heath, Oktober 1918.

Triebwerke: Zwei wassergekühlte 360 PS Rolls-Royce Eagle VIII V-Motoren. *Spannweite:* 20,73 m. *Länge:* 13,27 m. *Flügelfläche:* 123, 56 m². *Startgewicht:* 5 670 kg. *Höchstgeschwindigkeit:* 166 km/h in Meereshöhe. *Gipfelhöhe:* 2 300 m. *Reichweite:* ungefähr 1 450 km.

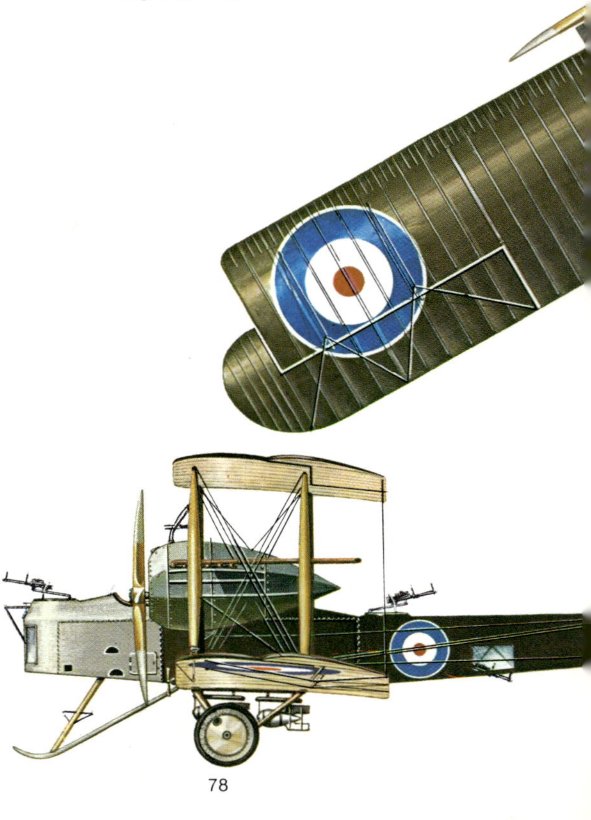

F9569
LIFT HERE

57

Blackburn Kangaroo, vermutlich ein Flugzeug der Squadron 246 der RAF, Seaton Carew, Apr l 1918.

Triebwerke: Zwei wassergekühlte 255 PS Rolls-Royce Falcon II V-Motoren. *Spannweite:* 22,82 m. *Länge:* 14,02 m. *Flügelfläche:* 81,75 m². *Startgewicht:* 3 636 kg. *Höchstgeschwindigkeit:* 161 km/h in Meereshöhe. *Gipfelhöhe:* 3 200 m. *Flugdauer:* 8 h. 0 min.

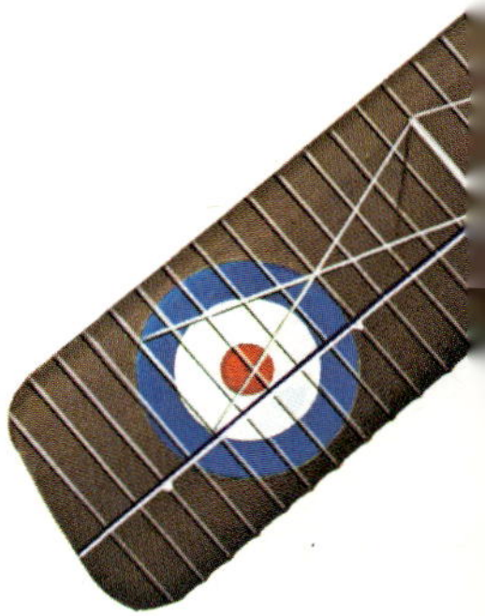

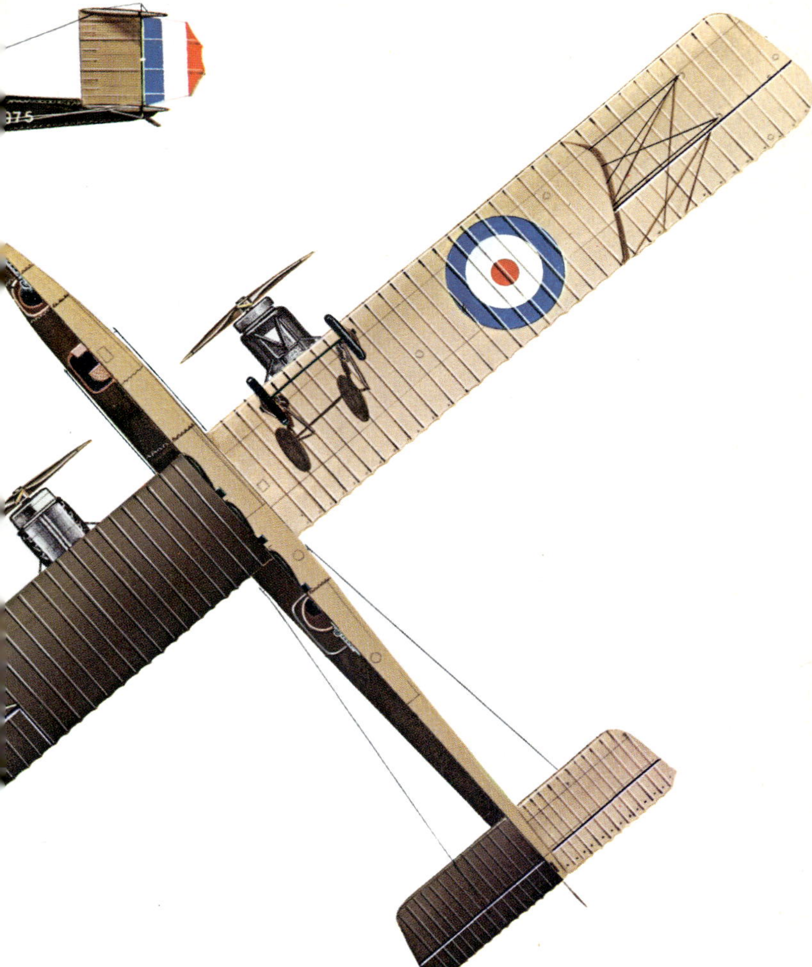
975

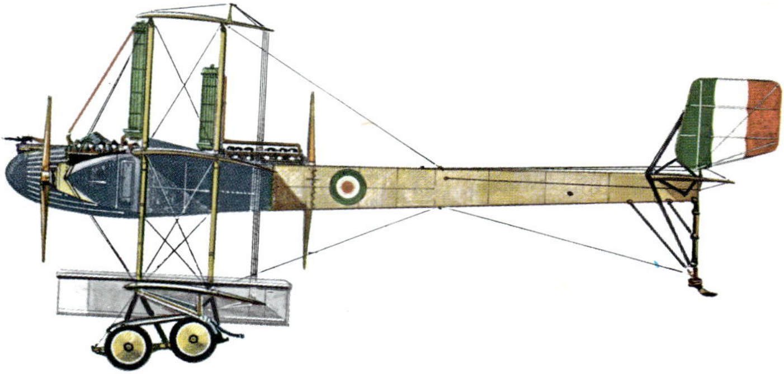

58
Caproni Ca 4 (Ca 42) des Corpo Aeronautica Militare, 1918.
Triebwerke: Drei wassergekühlte 270 PS Isotta-Fraschini V-Motoren. *Spannweite:* 29,90 m. *Länge:* 15,10 m. *Flügelfläche:* 200,00 m^2. *Startgewicht:* 7 500 kg. *Höchstgeschwindigkeit:* 140 km/h in Meereshöhe. *Gipfelhöhe:* 3 000 m. *Flugdauer:* 7 h. 0 min.

59
Caproni Ca 5 (Ca 46) des Corpo Aeronautica Militare, Sommer 1918.
Triebwerke: Drei wassergekühlte 300 PS Fiat A-12bis Reihenmotoren. *Spannweite:* 23,40 m. *Länge:* 12,62 m. *Flügelgläche:* 150,00 m². *Startgewicht:* 5 300 kg. *Höchstgeschwindigkeit:* 152 km/h in Meereshöhe. *Gipfelhöhe:* 4 500 m. *Flugdauer:* 4 h. 0 min.

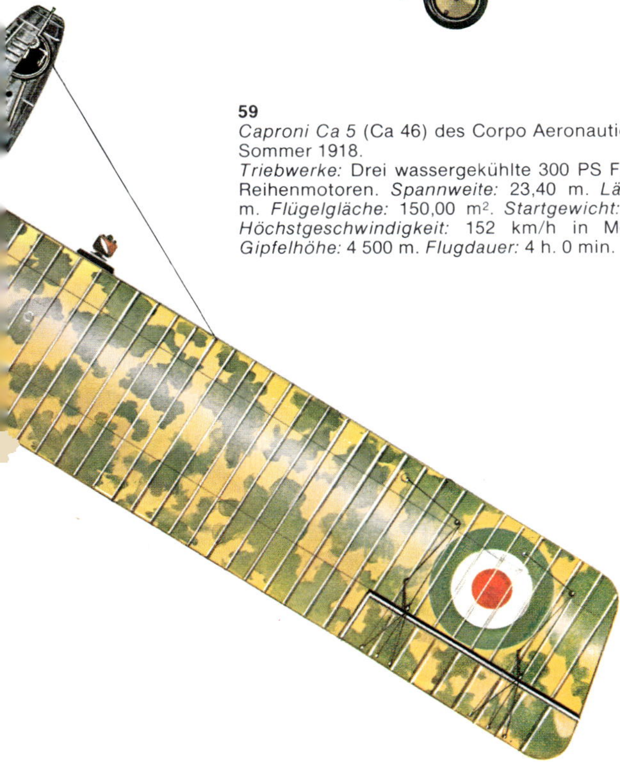

SIEMENS-SCHUCKERT R.I (D)

60
Siemens-Schuckert (Steffen) R.I (R.1/15) der Deutschen Fliegertruppe, Ende 1915/Anfang 1916.
Triebwerke: Drei wassergekühlte 150 PS Benz Bz.III Reihenmotoren. *Spannweite:* 28,00 m. *Länge:* 17,50 m. *Flügelfläche:* 138,00 m². *Startgewicht:* 5 200 kg. *Höchstgeschwindigkeit:* 110 km/h. *Gipfelhöhe:* 3 800 m. *Flugdauer:* 4 h. 0 min.

61
Zeppelin (Staaken) R.VI, gebaut von O.A.W, nach Bruchlandung in Betz am 1. Juni 1918 geborgen. *Triebwerke:* Vier wassergekühlte 260 PS Mercedes D.IVa Reihenmotoren. *Spannweite:* 42,20 m. *Länge:* 22,10 m. *Flügelfläche:* 332,00 m². *Startgewicht:* 11 460 kg. *Höchstgeschwindigkeit:* 130 km/h in Meereshöhe. *Gipfelhöhe:* 3 800 m. *Flugdauer:* 7 bis 10 Stunden, je nach Zuladung.

62
Sikorsky Ilya Mourometz Typ V der Eskadra Vozdushnykh Korablei, Russische Fliegertruppe, 1916.
Triebwerke: Vier wassergekühlte 150 PS Sunbeam V-Motoren. *Spannweite:* 29,80 m. *Länge:* 17,50 m. *Flügelfläche:* 125,00 m². *Startgewicht:* 4 600 kg. *Höchstgeschwindigkeit:* 110 km/h in 2 000 m. *Gipfelhöhe:* 2 900 m. *Flugdauer:* 4 h. 0 min.

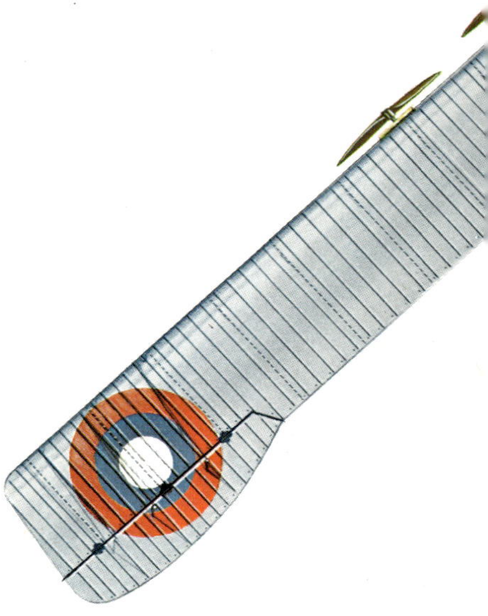

19

CAUDRON G.IV (F)

63

Caudron G.IVA.2 der französischen Aviation Militaire, Frühjahr 1916. *Triebwerke:* Zwei 80 PS Le Rhône 9C Rotationsmotoren. *Spannweite:* 16,88 m. *Länge:* 7,20 m. *Flügelfläche:* 36,80 m². *Startgewicht:* 1 320 kg. *Höchstgeschwindigkeit:* 130 km/h in Meereshöhe. *Gipfelhöhe:* 4 000 m. *Flugdauer:* 4 h. 0 min.

LOHNER L (Oe.U.)

64

Lohner L, geflogen von Lt. Walter Zelezny von der österreichisch-ungarischen Marine, September 1916.

Triebwerk: Ein wassergekühlter 160 PS Austro-Daimler Reihenmotor. *Spannweite:* 16,20 m. *Länge:* 10,26 m. *Flügelfläche:* 53,00 m^2. *Startgewicht:* 1 700 kg. *Höchstgeschwindigkeit:* 105 km/h in Meereshöhe. *Gipfelhöhe:* 5 000 m. *Flugdauer:* ca. 4 h. 0 min.

F.B.A. Typ C (F)

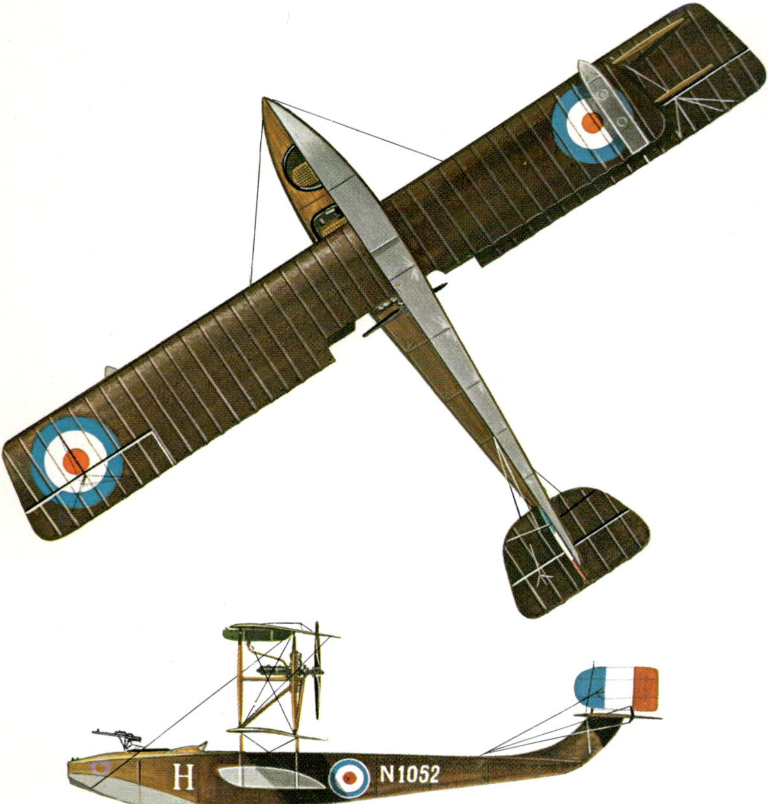

65
F.B.A. Typ C, montiert von Norman Thompson, RNAS, Frühjahr 1916. *Triebwerk:* Ein 130 PS Clerget Rotationsmotor. *Spannweite:* 13,70 m. *Länge:* 8,79 m. *Flügelfläche:* 30,00 m². *Startgewicht:* 940 kg. *Höchstgeschwindigkeit:* 110 km/h in Meereshöhe. *Gipfelhöhe:* 3 500 m. *Reichweite:* 300 km.

SOPWITH BABY (G.B.)

66

Sopwith Baby, gebaut von Blackburn, RNAS-Küstenflugstation Felixstowe, Ende 1917.

Triebwerk: Ein 130 PS Clerget 9B Rotationsmotor. *Spannweite:* 7,82 m. *Länge:* 7,01 m. *Flügelfläche:* 22,30 m². *Startgewicht:* 778 kg. *Höchstgeschwindigkeit:* 158 km/h in Meereshöhe. *Gipfelhöhe:* rund 2 300 m. *Flugdauer:* 2 h. 0 min.

FRIEDRICHSHAFEN FF33 (D)

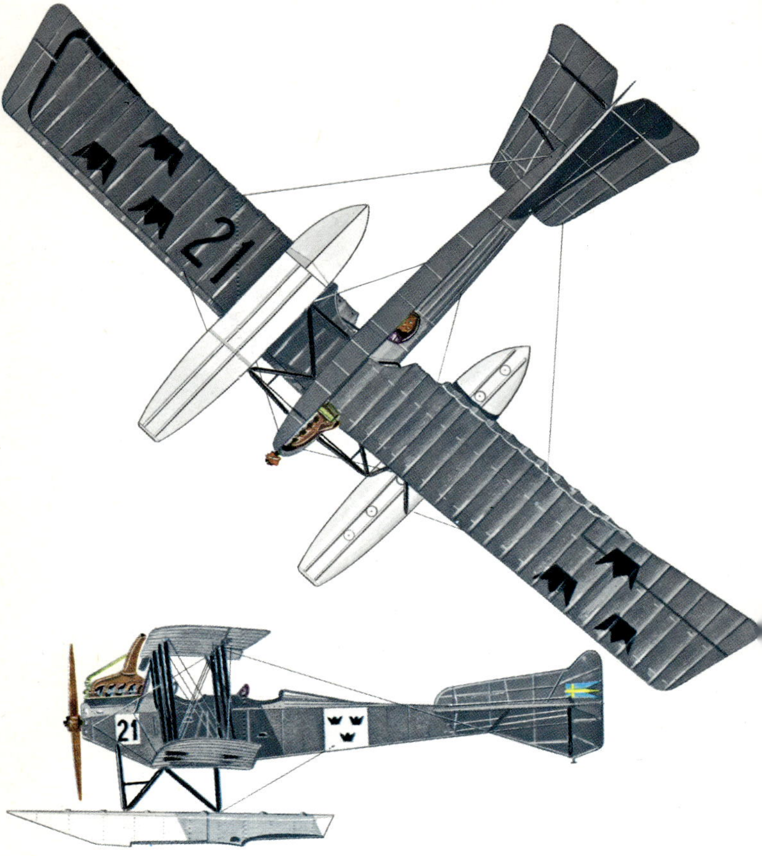

67

Friedrichshafen FF33J der Schwedischen Marinefliegertruppe, 1919.
Triebwerk: Ein wassergekühlter 150 PS Benz Bz.III Reihenmotor. *Spannweite:* 16,75 m. *Länge:* 10,30 m. *Flügelfläche:* 52,50 m². *Startgewicht:* 1 680 kg. *Höchstgeschwindigkeit:* 116 km/h in Meereshöhe. *Gipfelhöhe:* ca. 3 500 m. *Flugdauer:* 5 h. 0 min.

1 Blériot XI

Aus dem zerbrechlichen Eindecker, mit dem Louis Blériot im Juli 1909 den Kanal überquert hatte, wurde eines der bedeutendsten Militär- und Zivilflugzeuge der Zeit vor dem Ersten Weltkrieg entwickelt. Anstelle des ursprünglichen 25 PS Anzani-Motors wurden die stärkeren Gnôme-Rotationsmotoren verwendet. Zwischen 1910 und 1911 stellten Blériot XI verschiedene Geschwindigkeits-, Höhen und Flugdauerrekorde auf. 1913 demonstrierte Alphonse Pégoud die Kunstflugeigenschaften dieses Typs, indem er mit Erfolg einen Looping flog. Seit 1910 wurden Blériot XI in Frankreich und Italien als Militärflugzeuge verwendet; die italienischen wurden 1911 in Nordafrika sogar kriegsmässig eingesetzt. 1912 erhielten die Land- und Seestaffeln des RFC die ersten Blériot, später auch der RNAS. Während des ersten Kriegsjahres gehörten die Blériots zu den meistverwendeten Beobachtungsflugzeugen der Alliierten. Mindestens acht Staffeln der französischen Aviation Militaire und die Squadrons 1, 3, 6, 7, 9 und 16 des RFC in Frankreich waren damit ausgerüstet. Italien verfügte bei Kriegseintritt im Mai 1915 über sechs mit Blériot XI ausgerüstete Staffeln. Der Schulter-Eindecker wurde in 5 Grundmodellen gebaut: die XI „Militaire" und die XI „Artillerie" als Einsitzer mit 50 PS Gnôme-Motor, die XI-2 „Artillerie" und die XI-2 „Génie" als Zweisitzer mit 70 PS Gnôme; die dreisitzige XI-3 hatte einen 140 PS Gnôme. Weitere Unterschiede betrafen Fahrgestell, Höhenruder, Seitenruder und die Anordnung der Steuerkabel. Die belgische Aviation Militaire verwendete ebenfalls einsitzige XI, „Militaire" und XI „Génie". Einige einsitzige „Militaire" wurden auch für Störangriffe mit Bombenlast bis zu 25 kg an den Rumpfseiten verwendet. Gewehr oder Revolver waren die einzige Bewaffnung der Besatzung. Ausser im Fronteinsatz wurden die Blériot XI in Frankreich, England und Italien auch als Schulflugzeuge verwendet.

Die Blériot XI-B.G. war eine Schirmhochdecker-Version. Sie wurde sowohl von französischen Staffeln als auch von beiden englischen Luftstreitkräften eingesetzt. Vermutlich haben die Italienische und die Britische Marine Blériots mit Schwimmern verwendet.

Bekannte Seriennummernzuteilungen zeigen, dass 21 Blériot-Schirmhochdecker und bis zu 48 Blériot XI anderer Versionen beim RFC eingesetzt waren. Der RNAS verfügte über 16 Schirmhochdecker und 26 Blériot XI. Ausserdem waren Seriennummern für weitere „Blériot-Zugpropellerflugzeuge" zugeteilt: 11 für RFC und 10 für RNAS. Es kann angenommen werden, dass damit Blériot XI verschiedener Varianten gemeint waren.

2 Ago C-Typen

Die Ago-Flugzeugwerke entstanden 1912 aus den Aerowerken Gustav Otto. Der erste Doppeldecker des C-Typs entstand Mitte 1915. Diese C.I hatte die gleiche Grundkonzeption wie die späteren C.II und C.III. Es waren zweisitzige

Druckpropellerflugzeuge mit zwei schlanken Leitwerkträgern von ovalem Querschnitt. Die C.I war ursprünglich mit einem 150 PS Benz Bz. III, später mit einem 160 PS Mercedes D.III-Motor ausgerüstet. Ab Sommer 1915 wurde die C.I. in geringer Zahl an der Westfront eingesetzt.
Die Konstruktion stammte von dem schweizerischen Ingenieur August Haefeli. Ihre Hauptmerkmale waren schmale, kommaförmige Seitenruder und herausragende H. & Z.-Seitenkühler an der Gondel. In der Gondelnase war für den Beobachter ein bewegliches Parabellum-MG montiert. Die C.I war für ein Druckpropellerflugzeug recht schnell und hatte eine Flugdauer von 4 Stunden. Die Deutsche Marine erprobte ein mit zwei Schwimmern ausgerüstetes Flugzeug dieses Typs (C.IW). Ende 1915 wurde die C.I durch die C.II abgelöst. Diese wies ausser einem stärkeren Benz Bz. IV-Motor mit Flügelkühler, kleinen dreieckigen Seitensteuerflossen auch noch verschiedene andere aerodynamische Verfeinerungen auf. Sie blieb 1916 und während der ersten Hälfte des Jahres 1917 im Dienst. Wie die C.I war auch sie ein sehr nützliches Flugzeug mit guten Eigenschaften. Haefeli baute 1915/16 in Thun eine Variante der Ago C.II unter der Bezeichnung DH-1 für die Schweizerische Fliegertruppe. Aus bisher unbekannten Gründen hatten die Ago-Flugzeuge den Ruf, viel grösser und stärker bewaffnet zu sein als sie es tatsächlich waren. Es gab jedoch eine Version mit auf 18,30 m vergrösserter Spannweite, welche als Land- und Wasserflugzeuge (C. IIW) in wenigen Exemplaren für die Deutsche Marine gebaut wurde. Auch eine verkleinerte Variante, die C.III mit Mercedes D.III-Motor, wurde nur in kleiner Zahl gebaut. Der nächste C-Typ von Ago war die C.IV, die vollkommen von der bisherigen Konstruktionspraxis abwich. Sie war ein Zugpropeller-Doppeldekker, Ober- und Unterflügel wiesen gleiche Form und Spannweite auf. Vier Querruder und leichte Staffelung der Flügel waren weitere Merkmale der C.IV. Als Antrieb wurde der 220 PS Bz.IV verwendet. Die Bewaffnung bestand aus einem synchronisierten Spandau-MG für den Piloten und einem Parabellum mit Ringlafette im Sitz des Beobachters. Der Prototyp hatte nur ein kommaförmiges Seitenruder; bei den Serienflugzeugen wurde aber zusätzlich eine schmale Flosse angebracht, was einen sanft geschwungenen Umriss des Seitensteuers ergab. Die Ago C.IV war ein schnelles und wirkungsvolles Flugzeug ihrer Klasse. Die Konstruktion verlangte aber langwierige und teure Herstellungsverfahren, wodurch die Produktionszahl beschränkt blieb. 70 C.IV waren im September 1917 gleichzeitig im Einsatz-vermutlich etwas mehr als ein Viertel der gesamten Produktion. Schütte-Lanz und Rathgeber arbeiteten als Unterauftragnehmer. Die C.VII und die C.VIII waren Versuchsweiterentwicklungen der C.IV mit geänderter Flügelverspannung bzw. einem anderen Triebwerk. Keiner dieser Typen wurde in Serie hergestellt.

3 **Breguet 4 und 5**
Nachdem Louis Breguet eine Reihe von Flugzeugen mit Zugpropellern

entwickelt hatte, erschien Mitte 1914 der Prototyp BU3 (später BR54) als Druckpropellerflugzeug, um der offiziellen Forderung nachzukommen, dass die Beobachter in französischen Zweisitzern in der Rumpfnase untergebracht werden sollten. Der Beobachter verfügte dort über ein optimales Schuss- und Gesichtsfeld. Einhundert Flugzeuge dieses Typs wurden – etwas verändert – durch André und Edouard Michelin in den Werken in Clermont-Ferrand gebaut und an die Aviation Militaire geliefert. Anfangs wurden 200 PS Canton-Unné, später 220 PS Renault-Motoren eingebaut. Diese Flugzeuge sind unter der Bezeichnung BUM (mit Canton-Unné-Motoren), BLM (mit Renault-Motoren) oder einfach als Breguet-Michelin bekannt geworden. Die letzte Bezeichnung wurde auch für spätere Weiterentwicklungen verwendet. Im Sommer 1915 forderte die französische Regierung einen Bomber an, der in der Lage sein sollte, 300 kg Bomben über eine Distanz von 600 km zu befördern. Um diese Forderung zu erfüllen, entwickelte Breguet aus der BU3 die SN-3. Die SN-3 hatte Flügel verschiedener Spannweite und ein geändertes Fahrwerk. Die SN-3 gewann die im Oktober 1915 abgehaltenen Vergleichsfliegen. Die Serienversion der SN-3 wurde Breguet Concours genannt. Die militärische Bezeichnung war Typ 4B.2, mit Kanonenbewaffnung Typ 5Ca.2. Beide Typen wurden ab Anfang 1916 bei Breguet und Michelin in Serie gebaut; als Standardtriebwerk kam der 220 PS Renault 12 zum Einbau. Die 4B.2 war mit einem einzelnen Hotchkiss- oder Lewis-MG im vorderen Cockpit bewaffnet. In automatischen Bomben-Aufhängevorrichtungen von Michelin, welche ausserhalb des Fahrwerks an der unteren Tragfläche angebracht waren, konnte sie bis zu vierzig 7,25 kg-Bomben mitführen. Die 5Ca.2 unterschied sich von der 4B.2 nur durch die Bewaffnung: Im Bug war eine 37 mm-Kanone und über der oberen Tragfläche ein nach hinten feuerndes MG montiert. Sie war als Begleitschutz für die 4B.2-Bomber vorgesehen. Im Einsatz wurde die schwere Kanone jedoch meist durch ein gewöhnliches MG ersetzt. Die Breguet Typ 6 war eine Weiterentwicklung des Typs 4 mit einem 225 PS Salmson A9-Sternmotor und kleineren Kühlern.

Die Breguet-Druckpropeller-Flugzeuge hatten eine gute Reichweite mit beachtlicher Nutzlast. Ihre Nachteile lagen in der langen Startstrecke, die sie benötigten und der zu kleinen Geschwindigkeit für Tagesbombeneinsätze. Ausserdem waren sie schwer zu landen. Ab Oktober 1916 wurden sie für Nachteinsätze verwendet. Die Breguet Typ 4 und 5 taten bei mindestens fünf Escradilles de Bombardement Dienst. Eine davon war noch im Januar 1918 mit diesen Flugzeugen ausgerüstet. Der RNAS kaufte von Frankreich etwa 46 Breguets. Weitere dreissig wurden bei Grahame-White Aviation mit 250 PS Rolls-Royce-Motoren unter der Bezeichnung G.W.XIX bestellt. Davon wurden aber lediglich 10 Flugzeuge fertiggestellt. Britische Breguet wurden vom Wing 3 in Frankreich und im aegäischen Raum eingesetzt.

4 Voisin 1 bis 6

Obwohl die Voisin-Druckpropeller-Flugzeuge zerbrechlich aussahen, waren die 1914 entworfenen Maschinen sehr wetter- und kampffest, was durch ihre ununterbrochene Verwendung während des ganzen ersten Weltkrieges bewiesen wird. Der Grund ihres Erfolges lag in der soliden Stahlrohrkonstruktion der Flugzeugzelle und in der geschickten Verwendung immer stärkerer Motoren. Die Voisin 1 (Type L) erschien Anfang 1914 mit 70 PS Gnôme Rotationsmotor. Die Voisin 2 war sehr ähnlich, hatte aber einen 80 PS Le Rhône-Motor. Im August 1914 waren diese beiden Typen bereits bei vier Staffeln der französischen Aviation Militaire in Dienst. Sie wurden anfangs zur Artilleriebeobachtung an der Westfront verwendet. Ab November 1914 wurden sie jedoch für Tagesbombenangriffe eingezetzt. Dabei wurden etwa 60 kg Bomben in der zweisitzigen Gondel oder an deren Seitenwänden mitgeführt.

Der am häufigsten hergestellte Voisin-Typ war die Voisin 3 (Typ LA), ebenfalls eine Vorkriegskonstruktion. Sie absolvierte im Februar 1914 den Erstflug. Im Unterschied zu den früheren Voisin-Flugzeugen wurde ein 120 PS Salmson (Canton-Unné) 9M-Sternmotor verwendet. Die Tragflächen hatten verschiedene Spannweite. Der Beobachter verfügte über ein Hotchkiss-MG. Am 5. Oktober 1914 wurde durch die Voisin V.89 erstmals von Franzosen ein Feindflugzeug abgeschossen. Die Voisin 3 wurden anfangs am Tage eingesetzt, ab September 1915 fanden sie für Nachtbombardierungsflüge Verwendung. Auch die Marine Nationale verwendete einige dieser Flugzeuge. Für die Aviation Militaire wurden etwa 800 Voisin 3 gebaut. Eine Escadrille der belgischen Aviation Militaire war damit ausgerüstet; auch Russland erhielt beträchtliche Stückzahlen. 1915/16 baute die Società Italiana Transaerea 112 Voisin 3 zur Ausrüstung von fünf Squadriglie des Corpo Aeronautica Militare. Diese Flugzeuge wurden von Fiat-, Isotta-Fraschini- oder Renault-Motoren angetrieben. Sowohl RFC wie RNAS kauften in Frankreich Voisin-Flugzeuge, das RFC mindestens 23, der RNAS mindestens 21. Weitere fünfzig Flugzeuge wurden in England von Savages Ltd. für das RFC gebaut. Die Flugzeuge der späteren Serien wurden unter der Bezeichnung Typ LA.S bekannt. Dabei bedeutet „S" surélevé und bezieht sich auf den zur Verbesserung der Propellerwirksamkeit leicht geneigt eingebauten Motor. Von der Voisin 4 (Typen LB und LB.S) wurden 200 Flugzeuge gebaut. Sie hatten leicht gestaffelte Flügel und eine Gondel mit rechteckigem Querschnitt. In der Nase war eine 47 mm Hotchkiss-Kanone eingebaut. Diese Version wurde hauptsächlich für Erdangriffe verwendet, seltener zum Begleitschutz. Die Version LB flog erstmals im März 1915, die LB.S gegen Jahresende. Sowohl Voisin 3 als auch Voisin 4 wurden unter der Bezeichnung D.2 mit Doppelsteuer ausgerüstet und für die Pilotenausbildung verwendet.

Der Typ 5 LA.S war eine stärkere Version des Typs 3 LA.S mit 150 PS Salmson-Sternmotor, vergrössertem Ausschnitt in der oberen Tragfläche und verstärktem Fahrwerk. Sie erschien Ende 1915. 350 Voisin 5 wurden gebaut. Die Voisin 6 entsprach dem Typ 5 mit Ausnahme des etwas stärkeren 155 PS Salmson-Motors.

5 Voisin 8 bis 10

Der zweite in grosser Zahl gebaute Voisin-Doppeldecker war die Voisin 8. Um auch in den späteren Kriegsjahren genügend Leistungsreserve zu haben, wurde dieses Flugzeug aus dem Typ 7 durch Vergrösserung und Verstärkung der Zelle und durch Einbau eines 220 PS Peugeot-Motors entwickelt. Ein einfaches Erkennungsmerkmal der Voisin 8 gegenüber den früheren Modellen sind die beiden stromlinienförmigen Brennstofftanks unter der oberen Tragfläche. Die Voisin 8 wurde anfangs als Typ LA.P-Nachtbomber hergestellt und ab Ende 1916 in Dienst genommen. Die Bewaffnung bestand aus einem oder zwei MG, die Bombenzuladung in der Gondel und unter den Flügeln wurde auf 180 kg gesteigert. Die LB.P. war eine etwas kleinere und schwerere Version mit Kanone. Im vorderen Cockpit war entweder eine 37 mm oder 47 mm Hotchkiss-Kanone eingebaut. Ab August 1916 wurde dieser Typ für Erdangriffe und Begleitschutz eingesetzt, wurde jedoch nie in sehr grosser Zahl gebaut. Insgesamt sind 1123 Voisin 8 hergestellt worden. 1917 kam ein Flugzeug zur Erprobung in die USA, im April 1918 folgte ein Auftrag für acht Flugzeuge, die als Trainer verwendet wurden. Die Marine Nationale erhielt 20 Voisin 8, alle übrigen waren für die Aviation Militaire bestimmt. Noch im August 1918 befanden sich dort 51 Voisin 8 im Dienst. Die Voisin 9 war eine Aufklärungsversion der 8 LA.P mit verringertem Gewicht.

Anfang 1918 erschien als Ersatz für die Voisin 8 die Voisin 10. Der Peugeot-Motor hatte sich als nicht sehr zuverlässig erwiesen. In der Voisin 10 wurde er durch den 300 PS Renault-Motor ersetzt, welcher viel weniger Schwierigkeiten verursachte und zudem in grösserer Höhe mehr Leistung abgab. Dieses Triebwerk gestattete auch, die Bombenlast auf etwa 300 kg zu erhöhen, dies allerdings nur bei etwas verringerter Reichweite.

900 Voisin 10 sind gebaut worden Die A.E.F. kaufte im Juli 1918 zwei Flugzeuge, alle anderen wurden ab Jahresanfang an die Aviation Militaire geliefert. Eine Version mit 37 mm Hotchkiss-Kanone wurde als LB.R bezeichnet (der Bomber hiess LA.R), jedoch nicht häufig verwendet.

6 Farman-Serien HF.20

Die Henri Farman HF.20 erschien 1913. Die Konstruktion stützte sich auf den früheren Entwurf HF.16 und wurde schon vor dem Krieg zur militärischen Verwendung gebaut. HF.21, HF.22 und HF.23 waren Varianten, welche gleichzeitig hergestellt wurden. Alle diese Typen waren zweisitzige Doppeldecker in Holzrahmenkonstruktion mit Druckpropeller. Sie unterschieden sich hauptsächlich in den Abmessungen. Die HF.21 hatte grössere Spannweite und einen kürzeren Rumpf als die HF.20. Die HF.22 und HF.23 dagegen hatten längere Rümpfe als die HF.20 und HF.21.

Im August 1914 waren Flugzeuge der Typen HF.20/21/22 in Dienst bei der französischen Aviation Militaire (Escadrilles 1, 7, 13, 19 und 28), bei der belgischen Aviation Militaire (Escadrilles 1 und 2), beim RFC (Squadrons 3, 5, 6 und 7), beim RNAS (Squadrons 1, 2 und 3) sowie bei den Luftwaffen von Rumänien und Russland. In Belgien wurden sie von Jero in Lizenz hergestellt, in Italien von Savoia, mit 100 PS Colombo-Motoren und Schwimmern. In England wurden diese Typen unter anderem von der Aircraft Manufacturing Co. und von GrahameWhite Aviation gebaut. Normalerweise wurde der 70 oder 80 PS Gnôme- oder der 80 PS Le Rhône-Motor verwendet. Gelegentlich kamen auch Anzani-Motoren und andere Fabrikate verschiedener Leistung zum Einbau. 1913 wurden 6 HF.22 nach Holland geliefert. 1915 baute dort die Automobilfirma Spijker weitere 14 Flugzeuge. Davon waren eine oder zwei Maschinen für die Holländische Marine, der Rest für die Luftwaffe bestimmt. Britische Farmans wurden in Frankreich sowohl vom RFC als auch vom RNAS eingesetzt, in den Dardanellen vom Wing 3 des RNAS. Viele Framans des RNAS wurden als Schwimmerflugzeuge gebaut und verwendet.

Die wichtigste Variante des Entwurfs war die HF.27. Sie hatte eine Stahlrohrzelle, eine kürzere Gondel, Flügel gleicher Spannweite und ein vereinfachtes 4 Rad-Fahrgestell ohne Kufen. Die HF.27 war etwas grösser als die früheren Farmans. Gewöhnlich wurde ein 140 PS oder 160 PS Canton-Unné-Motor eingebaut. Die Flugdauer betrug 4 Stunden, es konnten maximal 250 kg Bomben mitgeführt werden. Die Farman HF.27 wurde an der Westfront, in den Dardanellen, in Mesopotamien, in Ost und Südwest-Afrika eingestezt. Der RNAS verwendete sie sowohl in Frankreich als auch in Mudros im Aegäischen Meer (Wing Nr. 2). Einige Farman HF.27 des RNAS wurden an das RFC abgegeben und die Squadrons 26 und 30 damit ausgerüstet. Sechs in England gebaute HF.27 wurden an Rumänien geliefert.

Genaue Angaben über die in britischen Einheiten verwendeten Farman sind kaum möglich, da bei den Seriennummerzuteilungen die einzelnen Typen nicht näher bezeichnet worden sind. Immerhin steht fest, dass an den RNAS mehr als 150 Farmans geliefert wurden, etwa die Hälfte davon waren in Frankreich gebaute Flugzeuge. An das RFC sind sicher mehr als 470 Farmans geliefert worden, die meisten dieser Flugzeuge wurden von Airco, Grahame White und anderen Herstellern in England gebaut.

7 **Farman-Serien F.40**

Gegen Ende 1915 konstruierten Henry und Maurice Farman gemeinsam ein neues Flugzeug, welches die Vorzüge der früheren Entwürfe beider Ingenieure in sich vereinigen sollte. Das Grundmodell dieser Serien war die F.40, ein zweisitziger Doppeldecker mit Druckpropeller. Die Gondel für die Besatzung war in der Mitte der Flügel mit ungleicher Spannweite montiert. Als Antrieb diente ein 160 PS Renault-Motor. Die Vorgängerin der F.40-Serien war die F.30, eine einfachere Konstruktion mit kan-

tiger Gondel, eckigen Steuerflächen und 160 PS Canton-Unné-Sternmotor. Die F.30 wurde hauptsächlich für Russland gebaut, wo sie auch in Lizenz hergestellt wurde. Eine Version jedoch, die F.30B.2 mit 260 PS Salmson-Sternmotor ist möglicherweise in geringer Stückzahl auch für die französische Aviation Militaire gebaut worden.
Die F.41 hatte eine kleinere Spannweite als die F.40 und eine ähnliche Gondel wie die der Maurice Farman MF.11bis. Als Motor fand entweder ein 80 PS oder ein 110 PS Renault Verwendung. Die F.60 und die F.61 waren im Grunde genommen F.40 oder F.41 mit 190 PS Renault-Motoren. Die andere Haupt-Variante war die F.56; mit Ausnahme des 170 PS Renault-Motors glich diese Version der F.41. Speziell für Schulungszwecke wurde die F.46 gebaut. Sie hatte wie die MF.7 lange Kufen.
Die Farman wurden ab Anfang 1916 in Dienst gestellt und häufig für Aufklärung und Bombenangriffe verwendet. An der Westfront und in Mazedonien waren 47 Staffeln der Aviation Militaire damit ausgerüstet. Die Farmans konnten nur eine kleine Bombenlast mitführen. Ihre einzige Abwehrwaffe war ein Lewis-MG im Bug der Gondel. Der Typ war bei Indienststellung eigentlich bereits überholt, doch wurde er erst Anfang 1917 offiziell als veraltet erklärt. Er wurde sogar dann noch als Nachtbomber verwendet, bis gegen Jahresende Breguets 14 verfügbar wurden. Einige Farman wurden als „Ballon-Knacker" eingesetzt. Dabei wurden Le Prieur-Raketen verwendet, welche an den Streben zwischen den Flügeln befestigt waren (siehe Abbildung). Im Jahre 1918 wurden alle Farmans aus dem Fronteinsatz zurückgezogen und an Schuleinheiten abgegeben. In der belgischen Aviation Militaire verfügten zwei Escadrilles über F.41 und F.60. Dreissig F.40 wurden für Trainingszwecke von der AEF gekauft und einige wurden auch vom Wing 5 des RNAS in Frankreich eingesetzt.
Die Farman F.50 war trotz dieser Bezeichnung keine Variante der F.40. Es handelte sich um einen zweimotorigen Doppeldecker-Bomber mit Zugpropellern. Die Spannweite betrug 22,86 m, der Antrieb erfolgte durch zwei 250 PS Lorraine-Dietrich-Motoren. Es konnten 8 Bomben zu je 75 kg mitgeführt werden. Die F.50 wurde 1918 gebaut und vor dem Waffenstillstand in kleiner Zahl an französische Escadrilles de Bombardement abgegeben, darunter an F.114 und F.119. Zwei Flugzeuge wurden im März 1918 von der AEF gekauft. Nach dem Krieg wurden zwei F.50 an die Marine Nationale geliefert. Ein Flugzeug kam nach Japan. Eine kleine Serie wurde für zivile Zwecke umgebaut und für kurze Zeit als Passagierflugzeuge verwendet.

8 **Friedrichshafen G-Typen**
Die Firma Flugzeugbau Friedrichshafen ist zwar durch ihre Wasserflugzeuge bekannt geworden, sie hat aber auch eine Reihe von zweimotorigen Bombern der G-Klasse gebaut. Diese Flugzeuge waren etwas kleiner als die zeitgenössischen und häufiger verwendeten Gotha G-Typen, von denen sie sich durch die Form der Flügelspitzen und des Höhenleitwerks unterschieden. Als erstes Flugzeug der Serie erschien

Ende 1914 die G.I (FF.30). Sie war als Doppeldecker mit dreistieligem Tragwerk gebaut und wurde von zwei 150 PS Benz Bz.III-Motoren über Druckpropeller angetrieben. Zur Verteidigung diente ein einzelnes Parabellum-MG im Bug. Dieser Typ wurde offenbar nie in Serie hergestellt. Erst 1916 erschien die G.II (FF.38), ein Doppeldecker mit zweistieligem Tragwerk, zwei 200 PS Bz. IV-Motoren, Druckpropellern, einem doppelten Höhenleitwerk und einem oder zwei Parabellum-MGs im vorderen und hinteren Abwehrstand. Die G.II wurde von der Konstruktionsfirma und von den Daimler Motoren-Werken in geringer Anzahl in Serie hergestellt und gegen Ende 1916 in Dienst genommen. Die G.II wurden während des ganzen folgenden Jahres eingesetzt. Die Bombenzuladung von nur 150 kg war aber für den damaligen Standard sehr bescheiden. Die G.II wurde von der grösseren G.III (FF.45) abgelöst, die eine schwerere Zuladung mitführen konnte.

Die G.III erschien Anfang 1917 und hatte erneut ein dreistieliges Tragwerk. Alle Steuerflächen – einschliesslich der doppelten Querruder – waren ausgeglichen, aber nur die Höhenruder waren überhängend ausgebildet. Die G.III hatte eine Besatzung von drei Mann. Die Defensivbewaffnung bestand aus einzelnen oder doppelten Parabellum – MGs im vorderen und hinteren Abwehrstand. Drahtgeflecht schützte den hinteren Schützen vor den Druckpropellern der Mercedes D.IVa-Motoren. Für mittlere Reichweite konnte die G.III 500 kg Bomben mitführen, 100 kg davon im Rumpf, der Rest an Bombenschlössern unter dem Rumpf. Die Friedrichshafen G.III wurde etwa gleichzeitig wie die Gotha G.V eingesetzt (also ab Mitte 1917 bis Kriegsende). Sie wurde vor allem als Nachtbomber gegen Ziele in Frankreich und Belgien verwendet, einige begleiteten die Gotha auf ihren Bombardierungsflügen nach England. Ab Anfang 1918 wurden die G.III durch G.IIIa ergänzt, welche als Hauptunterschied ein doppeltes Höhenleitwerk hatten. G.III und G.IIIa wurden auch von Daimler und Hansa hergestellt, welche 245 bzw. 93 Flugzeuge bauten.

Spätere Varianten tauchten während des Jahres 1918 in kleinen Stückzahlen auf: G.IVa, G.IVb und G.V. Alle waren Weiterentwicklungen mit kürzerer Nase und ohne den vorderen Abwehrstand. Die G.IVa war wie die früheren Friedrichshafen ein Druckpropellerflugzeug, während die Typen G.IVb und G.V. von Zugpropellern angetrieben wurden. Die Bombengeschwader 1,2 und 5 waren mit Friedrichshafen G-Typen ausgerüstet und setzten diese sowohl an der Westfront als auch in Mazedonien ein.

9 Gotha G.I bis G.V

Das erste von der Gothaer Waggonfabrik AG gebaute Grossflugzeug war die G.I Sie wurde von Oskar Ursinus und Major Friedel aus einem Prototyp entwickelt, welcher im Januar 1915 erstmals geflogen war. Einige Flugzeuge wurden von Gotha in vereinfachter und verbesserter Form unter Lizenz hergestellt. Es war vorgesehen, diese Flugzeuge für Erdangriffe und für allgemeine taktische Aufgaben einzusetzen; sie wurden an der West-und Ostfront verwendet. Die G.I war durch einen schlanken Rumpf gekennzeichnet, welcher an der oberen Tragfläche befestigt war. Die beiden 160 PS Mercedes D.III-Motoren waren nahe bei einander auf der unteren Tragfläche montiert.

Die Gotha G.II zeigte zwar die gleiche Grundkonzeption wie die G.I, war aber ein vollkommen neuer Entwurf. Sie wurde bei Gotha unter der Leitung des schweizerischen Ingenieurs Hans Burkhard entwikkelt und absolvierte im März 1916 den Erstflug. Der Rumpf und die 220 PS Mercedes D.IV-Motoren waren in üblicher Weise auf der unteren Tragfläche montiert, die Spannweite wurde vergrössert und am Fahrgestell waren zusätzliche vordere Stützräder angebracht, um die Gefahr des Überschlagens zu verhindern. Die Gotha G.II hatte eine Besatzung von drei Mann und zwei MGs als Abwehrbewaffnung. Die ersten Serienflugzeuge wurden im April 1916 fertiggestellt. Die Gotha G.II wurde ab Herbst eingesetzt, doch nach einer Reihe von Kurbelwellenbrüchen wurde sie bald wieder zurückgezogen. An der Westfront und auf dem Balkan wurde die G.II ab Oktober 1916 durch die G.III ersetzt. Dies war ein neues Modell mit verstärktem Rumpf, einem zusätzlichen MG und 260 PS Mercedes D.IVaMotoren. Zunächst wurden 25 Flugzeuge bestellt – im Dezember 1916 waren 14 davon an der Front im Einsatz.

Die G.IV wurde als erstes Modell in grösserer Serie gebaut und war für Angriffe auf England bestimmt. Anfangs wurden 50 Flugzeuge bei Gotha bestellt, weitere 80 wurden von Siemens-Schuckert und etwa 100 von L.V.G. hergestellt. Etwa im März 1917 wurde die G.IV in Dienst gestellt, die Tagangriffe gegen Süd-England begannen Ende Mai. Der Mercedes D.IVa-Motor wurde bei der G.IVa beibehalten. Der Rumpf hatte im hinteren Teil einen Tunnel, so dass der hintere Schütze nach hinten und unten schiessen konnte. Dadurch konnte er den bisher toten Winkel bestreichen. Normalerweise wurde diese Aufgabe mit dem MG des hinteren Schützen erfüllt; unter Verzicht auf eine entsprechende Menge Bomben konnte aber dazu ein spezielles viertes MG mitgeführt werden. Der Rumpf der Gotha G.IV war ganz aus Sperrholz hergestellt. Beide Tragflächen besassen Querruder. Das Flugzeug war kräftiger gebaut, jedoch einfacher zu fliegen als seine Vorgänger. Die Flugleistungen waren allerdings nicht verbessert worden, weshalb Deutschland ab September 1917 gezwungen war, die G.IV nur noch für Nachtangriffe gegen England zu verwenden. Von diesem Zeitpunkt an wurde die G.IV allmählich durch die neue G.V ersetzt, welche im August in Dienst gestellt worden war. Diese Version führte bis folgenden Mai Nachtangriffe auf England durch. Zur Zeit ihrer häufigsten Verwendung, im April 1918, waren 36 Gotha G.V im Einsatz. Für die Missionen nach England wurden gewöhnlich sechs 50 kg-Bomben (etwa die halbe Höchstlast) mitgeführt. Die letzten Versionen waren die G.Va und G.Vb. Sie unterschieden sich voneinander nur durch interne Details, hatten aber im Unterschied zur G.V eine kürzere

Nase und ein doppeltes Höhenleitwerk. G.Va/G.Vb wurden ab März 1918 hergestellt und ab Juni in Dienst genommen. Im August 1918 waren 21 G.Vb an der Front.
Die Gotha-Bomber waren im Ganzen gesehen für ihre Grösse sehr wendig, hatten eine gute Abwehrbewaffnung und waren daher schwer zu bekämpfen. Sie gingen weniger durch Luftkämpfe als durch Flakbeschuss verloren. Die meisten Verluste wurden aber durch Unfälle bei der Landung verursacht. Von den bei Siemens hergestellten G.IV wurden 40 als Schulflugzeuge gebaut, wobei entweder 180 PS Argus As.III- oder 185 PS N.A.G.-Motoren zum Einbau kamen. Etwa 30 der von L.V.G. gebauten G.IV wurden später nach Österreich-Ungarn verlegt, wo sie mit 230 PS Hiero-Motoren versehen und an der italienischen Front eingesetzt wurden.
Eine Weiterenentwicklung der G.I als Wasserflugzeug, die Gotha-Ursinus UWD, wurde Ende 1915 fertiggestellt und im Januar 1916 der Deutschen Marine übergeben und dort eingesetzt.

10 D.F.W. B.I und C.I

In den Jahren vor dem Ersten Weltkrieg baute D.F.W. unter anderem Flugzeuge des Typs Etrich Taube. Mitte 1914 erschien die MD 14, eine Eigenkonstruktion von D.F.W. Der Einfluss der Taube war aber an den bananenartig geschwungenen Tragflächen zu erkennen. Die MD 14 war ein elegantes, stabiles und angenehm zu fliegendes Flugzeug. Das Tragwerk von geringer Spannweite war dreistielig ausgeführt, am Fahrwerk waren kleine geschwungene Kufen angebracht. Weitere Merkmale der MD 14 waren die grossen H. & Z.-Seitenkühler sowie ein nach unten gebogenes Auspuffrohr auf der rechten Seite des Rumpfes. Der Antrieb erfolgte durch einen 100 PS Mercedes D.I-Motor.
Bei Kriegsausbruch wurde die MD 14 für militärische Zwecke verwendet und erhielt die militärische Bezeichnung B.I. In den ersten Kriegsmonaten wurde sie für Aufklärungsflüge an der West- und Ostfront eingesetzt. Wie alle B-Typen war auch dieses Flugzeug ohne eingebaute Bewaffnung, der Beobachter führte allerdings bald einen Revolver oder ein Gewehr mit sich. Wie es zu dieser Zeit üblich war, sass der Beobachter im vorderen Sitz. Als 1915 bewaffnete Zweisitzer auftauchten, wurde die B.I für Schulungsaufgaben verwendet. Ihre guten Flugeigenschaften machten sie für diese Aufgaben sehr geeignet. Der D.W.F.Doppeldecker MRD glich äusserlich der B.I. Er erhielt die militärische Bezeichnung B.II. Möglicherweise war dies ein speziell für Schulungsflüge gebautes Modell mit Doppelsteuer. Die Gesamtzahl der durch die Deutschen Flugzeug-Werke gebauten B-Typen mag etwa 100 Maschinen erreicht haben.
1915 wurde als Ersatz für die unbewaffneten B-Typen die D.F.W. KD 15 in Dienst genommen (militärische Bezeichnung C.I). Die C.I hatte einen 150 PS Benz Bz. III-Motor. Der Beobachter sass immer noch im vorderen Sitz, ein Ausschnitt im Mittelteil des oberen Flügels gestattete ihm aber, stehend ein auf der oberen Tragfläche

schwenkbar montiertes Parabellum-MG zu bedienen. Wie ihre Vorgängerin wurde auch die C.I. an der West- und Ostfront eingesetzt. Man nimmt an, dass etwa 130 C.I gebaut worden sind. Die T25 oder C.II war ein etwas kleineres Flugzeug mit geändertem Leitwerk, geraden, gestaffelten Flügeln und der üblichen Sitzanordnung. Der Beobachter verfügte über ein Parabellum-MG auf einer Schneider-Ringlafette im hinteren Sitz. Berichten zufolge war die C.II etwas unstabil, und es ist ungewiss, ob sie eingesetzt worden ist.

11 **Lloyd C-Typen**

Die von der Ungarischen Lloyd Flugzeug- und Motorenfabrik gebauten zweisitzigen Aufklärungsflugzeuge des C-Typs gehören zu den weniger bekannten Flugzeugen des Ersten Weltkrieges, obwohl von diesen Typen zwischen vier- und fünfhundert Maschinen gebaut worden sind. Sie wurden von beiden Luftwaffen in Österreich-Ungarn während der ersten Hälfte des Krieges häufig verwendet.

Schon vor Kriegsausbruch wurde die C.I (Serie 41) gebaut. Im Sommer 1914 erreichte ein Flugzeug dieses Typs bei Wien eine Höhe von 6170 m. Bei Kriegsbeginn waren Flugzeuge dieses Typs bereits im militärischen Einsatz. Anfang 1915 folgte die Lloyd C.II (Serie 42). Ihr Aussehen war bis zum Erscheinen der C.V typisch für alle Lloyd-Flugzeuge. Es wurden 100 C.II gebaut, 50 von Lloyd und 50 von W.K.F. Als Antrieb diente der 145 PS Hiero-Motor. Die Besatzung sass in einem gemeinsamen Cockpit. Die Spannweite der C.II war etwas grösser als die der C.I. Anfangs war auch die C.II unbewaffnet, später wurde jedoch für den Beobachter ein Schwarzlose-MG eingebaut. 1916 erschien die C.III; ausser dem stärkeren 160 PS AustroDaimler-Motor in einer längeren Verkleidung war sie der C.II sehr ähnlich. W.K.F. baute 50 C.III (Serie 43.51). Dieser Typ wurde 1916/17 an der italienischen und rumänischen Front eingesetzt. Einige Flugzeuge besassen über der oberen Tragfläche ein zweites MG. Von der C.IV ist wenig bekannt; es wird angenommen, dass dies eine einstielige Version der C.III war und durch Lloyd und W.K.F. als Serie 44 und 44.51 gebaut wurde. Ihre militärische Verwendung ist nicht belegt. Der letzte Lloyd C-Typ war die C.V. (Serie 46). Sie hatte kleinere Abmessungen, einen aerodynamisch verfeinerten Aufbau mit einer Propellerhaube, höhere Seitensteuerflosse und abgerundetes Ruder. Die ersten 50 Flugzeuge hatten 185 PS Austro-Daimler-Motoren, die zweite Serie von 50 Maschinen war mit in Österreich gebauten 220 PS Benz Bz. IV-Motoren ausgerüstet. Damit flog die C.V etwa 32 km/h schneller als die C.III. Derselbe Flugzeugtyp wurde von W.K.F. auch als Serie 82 mit 200 PS Bz. IV-Motor gebaut. Als die C.V zur Truppe kam, waren jedoch bereits modernere und leistungsfähigere Aufklärer im Dienst. Die Lloyd C-Typen wurden daher weitgehend für Schulungszwecke verwendet.

12 **Hansa-Brandenburg C.I**

Obwohl die Hansa-Brandenburg

C.I oder Typ LDD im Ersten Weltkrieg fast ausschliesslich von Österreich-Ungarn verwendet wurde, war sie von Ernst Heinkel in Deutschland entworfen worden. Ihre Konstruktion hatte einige gemeinsame Merkmale mit der früheren Brandenburg FD (B.I) von 1914, von der 3 Flugzeuge an Österreich-Ungarn geliefert worden waren. Beide Typen hatten nach innen geneigte Streben zwischen den Flügeln. Der Brandenburg C.I-Doppeldecker war ein bewaffneter Aufklärungs-Zweisitzer konventioneller Bauart mit dem damals bei österreichischen Flugzeugen beliebten gemeinsamen Cockpit. Der Beobachter sass hinten und verfügte über ein bewegliches Schwarzlose-MG. Spätere Serien der C.I hatten zusätzlich links vor dem Cockpit ein synchronisiertes Schwarzlose-MG für den Piloten. Die Brandenburg C.I wurden vom Frühjahr 1916 bis Kriegsende in grosser Zahl als Aufklärer, Artilleriebeobachter und leichte Bomber eingesetzt. Die normale Zuladung betrug 60 kg, vereinzelt wurden aber auch eine 80 kg- und zwei 10 kg-Bomben mitgeführt. Es wurde sowohl Sicht- als auch Photoaufklärung durchgeführt. Die C.I war stabil und einfach zu fliegen, besass gute Start- und Landeeigenschaften und ihre Flugleistungen nahmen ständig zu, da im Laufe der Produktion stärkere Motoren eingebaut wurden.
Im ganzen wurden 18 Serien Brandenburg C.I gebaut, insgesamt 1318 Maschinen, von Brandenburg 84, von Phönix 400 und von Ufag 834. Phönix rüstete ihre Flugzeuge mit 160 PS AustroDaimler (Serie 23 und 26), 185 PS Austro-Daimler (Serie 27), 210 PS Austro-Daimler (Serie 29), 200 PS Hiero (Serie 29.5, 129, 229 und 329) und 230 PS Hiero (Serie 429) aus. Die Ungarische Flugzeugfabrik AG (Ufag) baute Brandenburg C.I mit 160 PS Austro-Daimler (Serie 61, 64, 67 und 68), 160 PS Mercedes D.III (Serie 63), 200 PS AustroDaimler (Serie 269), 200 PS Hiero (Serie 69), 220 PS Benz Bz. IVa (Serie 169) und 230 PS Hiero (Serie 369).

13 **Albatros B-Typen**

Die unbewaffneten, zweisitzigen Albatros-Doppeldecker waren bei Kriegsausbruch wahrscheinlich Deutschlands beste Aufklärungsflugzeuge. Sie leisteten in der einen oder anderen Weise während des ganzen Krieges gute Dienste. Ernst Heinkel hatte den Typ Anfang 1914 konstruiert. Die Serienherstellung der ersten Version hatte noch vor Kriegsanfang in kleinem Umfang begonnen. Im August 1914 übernahm das Militär die vorhandenen Flugzeuge. Sie erhielten die militärische Bezeichnung B.I und wurden den Feld-Flieger-Abteilungen zugeteilt. Die Herstellung war nicht besonders genormt, es gab B.I mit ein-, zwei- und dreistieligem Tragwerk mit 100 PS Mercedes D.I- oder 120 PS Mercedes D.II-Motoren. Der Kühler der D.II war über dem Zylinderblock montiert. Wie damals üblich, sass der Pilot im hinteren Sitz, der Beobachter vorne zwischen den Baldachinstreben. Das Flugzeug hatte keine eigene Bewaffnung, doch bereits in den ersten Kriegsmonaten führte der Beobachter ein Gewehr oder einen Karabiner mit sich. Zwei Serien Albatros B.I (Serie 23 und 24) wur-

den von Phönix in Österreich-Ungarn gebaut.
Ein anderer Albatros-Zweisitzer stellte im Sommer 1914 mit 4500 m einen Höhenrekord auf. Dieser Doppeldecker hatte ein zweistieliges Tragwerk kürzerer Spannweite als die B.I und wurde anfangs von einem 100 PS Mercedes D.I-Motor angetrieben.
Dieser Typ wurde als B.II bekannt. Die B.II war im ersten Kriegsjahr einer der meistverwendeten Aufklärer und für ihre Serienherstellung wurde ein umfassendes Programm aufgestellt. Um die Sicht nach unten zu verbessern, erhielten die unteren Flügelwurzeln kleine Aussparungen. Eine kleine Anzahl B.I und B.II (Serie 21) wurde an Österreich-Ungarn geliefert; es wird angenommen, dass einige - vielleicht sogar alle - mit einem in einfachster Weise im vorderen Cockpit montierten MG ausgerüstet waren. Das Modell B.IIa mit verstärkter und aerodynamisch verbesserter Zelle, Doppelsteuer und 120 PS Motor (Mercedes D.II oder Argus As.II) löste später die B.II in der Produktion ab.
Als letzter Typ der B-Serie wurde 1915 die B.III in kleiner Anzahl als Aufklärer für die Deutsche Marine und das Heer gebaut. Der Rumpf der B.II wurde fast unverändert übernommen, die Flügel hatten jedoch kürzere Spannweite. Das Seitenruder war schmal und hoch, die Höhenflossen ähnlich geschweift wie bei der späteren C.III.
Als im Sommer 1915 die C-Klasse für bewaffnete Zweisitzer eingeführt wurde, waren die B-Typen als Aufklärungsflugzeuge veraltet. Durch die guten Flugeigenschaften waren die AlbatrosTypen jedoch ideale Schulflugzeuge. In dieser Rolle wurden sie während der verbleibenden Kriegsjahre sehr häufig verwendet. Die Herstellung der Albatros B-Typen erfolgte ausser durch die Ostdeutschen Albatros-Werke auch durch die Firmen B.F.W., L.F.G., Linke-Hofmann, Merkur, Kondor und Refla. Schweden verwendete 1918/19 einige Albatros B-Typen.

14 **Österreichische Aviatik B.II und B.III**

1914/15 baute die Deutsche Automobil und Aviatik AG, Leipzig, einen kleinen, zweisitzigen Aufklärer. Die B.I, wie der Typ bezeichnet wurde, hatte einen 100 PS Mercedes D.I Motor. Sie wurde während den ersten Kriegsmonaten in kleiner Zahl für Beobachtungsaufgaben an der Westfront eingesetzt. Die österreichische Tochtergesellschaft „Österreichisch-Ungarische Flugzeugfabrik Aviatik" in Wien baute 1915 eine Variante dieser Konstruktion mit Rumpf und Flügeln von ähnlicher Form. Charakteristisch war die äussere Verstrebung der Tragflächen. Der Typ der Österreichischen Aviatik hatte, im Gegensatz zur deutschen Variante, ausgeglichene Höhen- und Seitensteuerflächen. Von der österreichischen B.II wurde 1915 eine kleine Serie (Serie 32) mit 120 PS Austro-Daimler-Motor gebaut. Das Flugzeug hatte ausser dem Gewehr oder Revolver der Besatzung keine Bewaffnung, war aber in der Lage, zwei 10 kg-Bomben für Störangriffe mitzuführen.
Als verbesserte Version folgte die B.III (Serie 33) mit 160 PS Austro-Daimler und kastenförmigem Küh-

ler oberhalb des Motorblocks. Die B.II war mit Seitenkühlern ausgerüstet gewesen. Die Flügel hatten grössere Spannweite und zurückgebogene Spitzen. Das Seitenleitwerk war verstrebt. Anstelle der getrennten Sitzplätze der B.II hatte die B.III ein langes, gemeinsames Cockpit, in dem der Pilot jetzt vorne sass. Der Beobachter verfügte im hinteren Sitz über ein beweglich montiertes Schwarzlose-MG. Wie die B.II, so hatte auch die B.III eine grosse Reichweite. Diese Flugzeuge wurden daher auch an der russischen Front für Langstreckenaufklärung verwendet. Die B.III konnte drei 10-kg-Bomben mitführen. Leider waren die Flugeigenschaften der B.III nicht annähernd so gut wie die der B.II. Das Flugzeug reagierte träge auf die Steuerausschläge und geriet daher bei windigem Wetter leicht ins Schaukeln. Deshalb erhielt sie Beinamen wie „Gondel" und „Schaukelstuhl".

Dieser unangenehmen Eigenschaften wegen wurde eine zweite Serie (Serie 34) B.II gebaut. Dabei wurde die Zelle der B.II verwendet, aber ein 160 PS AustroDaimler-Motor mit Kühler wie bei der B.III eingebaut. Die Bewaffnung wurde ebenfalls von der B.III übernommen. Die Bombenzuladung wurde auf drei 20 kg-Bomben erhöht. Die B.II der Serie 34 war bedeutend stabiler und schneller als die B.III und erreichte die doppelte Höhe der ursprünglichen B.II. Obwohl diese Flugzeuge der Österreichischen Aviatik nicht gerade hervorragend waren, leisteten sie vor allem dort, wo der Vorteil ihrer grossen Reichweite zur Geltung kam, sehr gute Dienste. Anfang 1916 waren jedoch alle Flugzeuge aus dem Frontdienst zurückgezogen und an Schuleinheiten abgegeben worden.

15 **Lohner Typen B und C**

Die Jakob Lohner Werke, Wien, wurden vor allem durch ihre Marineflugzeuge bekannt, welche 1914-18 gebaut worden waren. Die Firma baute aber zu Anfang des Krieges auch eine ganze Reihe von zweisitzigen AufklärungsDoppeldeckern. Der erste, die Lohner Typ B, war eigentlich eine Konstruktion aus dem Jahre 1913. Vor Kriegsausbruch wurden davon einige mit 100 PS Austro-Daimler Motoren gebaut. Einige hatten mit „B" beginnende Eigennamen. Bei Kriegsausbruch wurde die Produktion gesteigert und der Typ erhielt die Bezeichnung B.I. Gebaut wurden diese Flugzeuge bei Lohner selbst (als Serie 11) und bei der staatlichen Fabrik in Fischamend (als Serie 73). Einige B.I hatten Motoren mit 120 PS Leistung. Obwohl diese Flugzeuge unbewaffnet waren, wurden sie in beachtlicher Zahl in den ersten Kriegsmonaten für Aufklärungs- und Verbindungsflüge verwendet. Die Lohner Typ C oder B.II unterschied sich hauptsächlich durch einen längeren Rumpf, ausgeglichene Ruder und einen 85 PS HieroMotor. Auch dieser Typ wurde von Lohner (als Serie 12), in Fischamend (als Serie 74) und von Ufag (als Serie 12.41) hergestellt.

Als dritter B-Typ wurde 1915 bei einigen Fliegerkompanien die B.IV (Lohner Typ E) in Dienst gestellt. Der Antrieb erfolgte durch einen 100 PS Mercedes D.I-Motor, der Rumpf war nochmals verlängert.

das Fahrwerk günstiger gebaut worden. Diese war als erster B-Typ richtig bewaffnet, der Beobachter im hinteren Sitz verfügte über ein Schwarzlose-MG. Die B.IV wurde von Lohner (Serie 15) und Ufag (Serie 15.51) gebaut. Ihr Wert für die ÖsterreichischUngarische Luftwaffe war beschränkt, da sie nur in Höhen unterhalb 2000 m einigermassen annehmbare Flugleistungen aufwies. Gegen Ende 1915 wurde die B.IV von der B.VII (Lohner Typ 1) abgelöst. Der stärkere Motor verlieh diesem Flugzeug bedeutend bessere Flugleistungen. Lohner baute die B.VII mit 150 PS Austro-Daimler-Motor als Serie 17, Ufag mit 160 PS AustroDaimler-Motor als Serie 17.51. Das hinten eingebaute Schwarzlose-MG blieb als Standardbewaffnung.

Die Lohner B.VI (Typ H) wurde, trotz ihrer niedrigen Nummer, erst 1916, nach Erscheinen der B.VII, in Dienst genommen. Die B.VI hatte einen 145 PS Rapp-Motor, einen kürzeren Rumpf als ihre Vorgänger und Unterflügel mit vergrösserter Spannweite. Die Pfeilung des gesamten Tragwerks wurde verringert und die Verspannung vereinfacht. Lohner baute die B.VI als Serie 16.10. Die gleiche Zelle wurde mit 160 PS Austro-Daimler-Motor für den Bau der Lohner C.I (oder Typ K) verwendet. Dieser Typ wurde nur von Lohner (als Serie 18) gebaut. Sie kam Anfang 1916 zur Truppe und war während des ganzen Jahres eingesetzt.

16 **Albatros C.I**

Schon in den ersten Monaten des Ersten Weltkrieges hatten die Gegner in Frankreich Aufklärung, Beobachtung und Artillerie-Feuerleitung mit Flugzeugen durchgeführt. Diese Flugzeuge waren an sich unbewaffnet, die Beobachter führten allerdings bald einen Revolver oder Karabiner zur Verteidigung mit sich. Da der Beobachter aber gewöhnlich im vorderen Cokpit sass, wurde er durch die Motorzylinder, Streben und Spanndrähte am wirkungsvollen Einsatz dieser Waffe gehindert. Im Frühjahr 1915 führte Deutschland jedoch eine neue Klasse von Kampfflugzeugen ein. Die zweisitzigen, bewaffneten C-Typen hatten nicht nur stärkere Motoren, der Beobachter wurde auch nach hinten versetzt und mit einem beweglichen Maschinengewehr ausgerüstet. Von diesem Platz aus konnte er die Waffe wirkungsvoll nach hinten, oben und beiden Seiten einsetzen. Eines der ersten Flugzeuge dieser Klasse war die Albatros C.I. Der Prototyp, eigentlich eine vergrösserte Version der unbewaffneten B.II, wurde durch einen 150 PS Benz Bz.III-Motor angetrieben. Abgesehen von der besseren Verteidigung durch das Parabellum-MG auf Ringlafette, bot die C.I auch beiden Besatzungsmitgliedern bessere Sichtverhältnisse. Die obere Tragfläche wies einen charakteristischen, doppelbogigen Ausschnitt, der untere Flügel eine rechteckige Aussparung an der Flügelwurzel auf. Die C.I der Serienproduktion hatten ein zweistieliges Tragwerk und 160 PS Motoren – entweder Mercedes D.III oder Argus As. III. Die Flugzeuge waren stabil gebaut und besassen die ausgezeichneten Flugeigenschaften der B.II. Ab Spätfrühjahr 1915 wurden die Albatros C.I an der West- und Ostfront

hauptsächlich für Sicht und Fotoaufklärung sowie für Artilleriebeobachtung in grosser Zahl verwendet. Das Flugzeug liess sich auch als leichter Bomber einsetzen, dabei konnten in einem Schacht zwischen den beiden Cockpits, vertikal aufgehängt, etwa 70 kg Bomben mitgeführt werden. Die Flugleistungen der Albatros C.I waren für die damalige Zeit so gut, dass sie neben der Erfüllung von Aufgaben eher defensiver Natur auch für Angriffe verwendet wurden. Unter anderen haben Oswald Boelcke und Manfred von Richthofen mit C.I von Albatros wertvolle erste Jagderfahrungen gesammelt. Die von Albatros hergestellten C.I konnten an den herausagenden Seitenkühlern auf der Höhe des Pilotensitzes erkannt werden; die C.Ia von B.F.W. und L.F.G. (Roland) wiesen dagegen einen einzelnen Blockkühler in der Flügelvorderkante auf. C.Ia sind verhältnismässig wenige gebaut worden, da zu dieser Zeit bereits die verbesserte C.III produktionsreif war. Merkur baute jedoch 1917 eine Variante der C.Ia mit Doppelsteuerung als Schulflugzeug. Ob es sich dabei um neue Flugzeuge oder um umgebaute C.I/C.Ia handelte, ist ungewiss, jedenfalls leisteten diese Maschinen nach dem Ersatz der C.I durch modernere Albatros-Flugzeuge und andere C-Typen der Serie C.I als Schulflugzeuge weiterhin gute Dienste.
Eine C.I wurde versuchsweise mit einem dreistieligen und vergrösserten Tragwerk und langem gemeinsamem Cockpit gebaut. Für das Versuchsflugzeug C.II wurden Anfang 1916 die Tragflächen und das Fahrwerk einer C.I verwendet. Die C.II war ein Druckpropellerflugzeug mit 150 PS Benz Bz.III-Motor, wurde aber nie in Serie hergestellt.

17 **Lebed'-XI, XII und XIII**
Wladimir Alexandrowitsch Lebedew lernte 1909 in Frankreich fliegen. Drei Jahre später wurde er Leiter der PTA (Petersburg Luftfahrt-Gesellschaft). Später wurde die Gesellschaft umbenannt in Aktsionernoe Obitsestwo Vozdukhoplawaniya V.A. Lebedewa (W.A. Lebedew Aeronautic-Gesellschaft). Ihre ersten Flugzeuge waren Lizenzbauten von Deperdussin, Farman, Morane, Nieuport, Sopwith und Voisin für die Kaiserlich Russische Fliegertruppe. Unter diesen ersten Flugzeugen war auch die Lebed'-VII aus dem Jahre 1915, ein kleiner Zweisitzer, der sehr stark an die Sopwith Tabloid angelehnt war; zwei Maschinen Lebed'-VIII glichen der Albatros B.II; die Lebed'-IX schliesslich basierte auf einem L.V.G.-Entwurf. 1915 erhielt das Lebedew-Werk eine erbeutete Albatros B.II zur Prüfung und aus den besten Merkmalen dieses Typs und der Lebed'-VIII entstand die Lebed'-XI, ein zweisitziger Aufklärer mit einer Spannweite von 14,50 m und zumindest anfangs mit einem 150 PS Sunbeam-Motor.
Abgesehen von einer Neigung bei der Landung zu „schwimmen", war die Lebed'-XI dem Albatros-Entwurf in vieler Hinsicht deutlich überlegen. Dieser Erfolg führte zur Entwicklung der Lebed'-XII, die am 28. Dezember 1915 zum ersten Mal flog. Die Spannweite war auf 13,15 m verkürzt. Am 19. April 1916 erteilte der Zentrale Militärtechnische

Ausschuss einen Auftrag für 225 Lebed'-Maschinen. Es ist bekannt, dass 216 Lebed'-XII fertiggestellt wurden, dazu eine bedeutende Menge Ersatzteile. Der Rest waren entweder Lebed'-XI oder die Schwimmerversion LMI, die 150 PS Benz- oder Salmson-Motoren erhielten.
Die erste Serien-Lebed' (Typ XI?) flog am 4. August 1916, die Abnahmeprüfungen wurden etwa zwei Monate später abgeschlossen. Die Lebed'-XII war ein zweisitziger Aufklärer, die Bewaffnung bestand aus einem einzelnen 7,62 mm Colt-Maschinengewehr auf einer Stütze im hinteren (Beobachter-) Sitz. Unter der unteren Tragfläche konnten an 4 Bombenschlössern kleinere Bomben aufgehängt werden. Die Bombenzuladung betrug etwa 75-100 kg, je nachdem, ob ein 140 oder 150 PS Salmson-Motor eingebaut war. Die Bombenschlösser und MG-Lafetten der ersten Serienmaschinen waren von Lebedews Chefkonstrukteur Schulnik entworfen worden, erwiesen sich aber im Einsatz als nicht zufriedenstellend. Sie wurden deshalb später durch entsprechende, von Kolpakow entworfene Ausrüstung ersetzt. Unglücklicherweise waren dies jedoch nicht die einzigen unbefriedigenden Merkmale der Lebed'XII. der Schwerpunkt lag, besonders unter Bombenlast, sehr ungünstig. Zusammen mit übermässigem Verwinden der Tragflächen ergab dies eine starke Tendenz, in Sturzflug überzugehen, aus dem das Flugzeug oft nicht mehr abgefangen werden konnte. Ausserdem wurden Besatzungen verschiedentlich durch Dämpfe aus den seitlich montierten Kühlern ohnmächtig.
Im Sommer 1917 wurden deshalb entsprechende Änderungen durchgeführt, die zur Lebed'-XII bis (mit 140 PS Hispano-Suiza V8-Motor) und zur Lebed'-XIII mit 150 PS Salmson führten. Inzwischen waren aber schon etwa 80 Lebed'-XII ausgeliefert. Die Lebed'-XIIbis zeigte keine wesentlichen Verbesserungen, doch für die Lebed'-XIII wurde ein Auftrag für 200 Maschinen erteilt. Ob sie alle fertiggestellt wurden, ist jedoch ungewiss.
1917 erschienen als weitere Variationen zum Thema Albatros/ Lebed'-XII die Lebed'-XVII mit einem starren, nach vorne schiessenden MG für den Piloten und die Lebed'-XXIV mit 200 PS Hispano-Suiza- oder 230 PS Fiat-Motor. Von 1914 bis 1917 stellten die Lebedew-Werke (1917 waren 2 neue Werke in Penze und Taganrog eröffnet worden) insgesamt 674 Flugzeuge aller Typen her, darunter Lizenzbauten ausländischer Entwürfe und Prototypen der selbstentworfenen zweimotorigen Bomber Lebed'XIV und Lebed'-XVI.

18 **Albatros C.III**

Die Serien der Albatros C.I-Doppeldecker leisteten bei den Fliegerabteilungen sehr gute Dienste; die C.III, welche diesen Typ ablösten, hatten aber noch grösseren Erfolg. Wie die C.I aus den unbewaffneten B.II-Zweisitzern entwikkelt worden war, entstand auch die C.III durch Vergrössern der Albatros B.III. Das geschwungene Höhenleitwerk und das im Verhältnis zur Länge niedere Seitenleitwerk der B.III wurden bei der C.III beibehalten. Dieses Leitwerk verbesserte die an sich schon guten Flugeigen-

schaften und verliehen der C.III mehr Längstabilität und Manövrierfähigkeit für den Luftkampf mit alliierten Jagdflugzeugen.
Der Prototyp der C.III war wie der der C.I mit einem 150 PS Bz.III-Motor ausgerüstet. Derselbe Motor wurde auch bei einigen C.III der Serienproduktion verwendet, normalerweise wurde jedoch der bewährte und zuverlässige 160 PS Mercedes D.III eingebaut. Die Albatros C.III war der am meisten gebaute Albatros C-Typ. Die Firmen Albatros, O.A.W., D.F.W., Hansa, Linke-Hofmann, L.V.G. und Siemens-Schuckert waren an der Produktion beteiligt. Als Standardbewaffnung hatte der Beobachter ein Parabellum-MG auf Schneider-Ringlafette; meistens verfügten die C.III aber zusätzlich über ein synchronisiertes Spandau-MG für den Piloten an der rechten Seite des Motorblocks. Die C.III wurde Ende 1915 in Dienst gestellt und während des ganzen Jahres 1916 und Anfang 1917 an der Westfront, in Mazedonien und in Russland eingesetzt. Ihre Aufgaben waren Sicht- und Fototaufklärung, aber auch leichte Bombenangriffe. Dazu konnten etwa 90 kg Bomben zwischen den beiden Cockpits mitgeführt werden. Statt der Bomben konnte für die Artilleriefeuerleitung eine Funkausrüstung mitgeführt werden. Zu den guten Flugeigenschaften der C.III kam der grosse Vorteil der soliden und kompakten Bauweise. Der ganz mit Sperrholz verkleidete Rumpf konnte beträchtlichen Gefechtsschäden widerstehen. Nachdem die Flugzeuge Anfang 1917 aus dem Fronteinsatz zurückgezogen worden waren, leisteten sie noch bis Kriegsende als Schulflugzeuge gute Dienste.
1916 wurden einzelne Flugzeuge des Typs C.IV gebaut. Es handelte sich um eine C.III-Rumpfzelle mit neukonstruiertem, einstieligem Tragwerk. Von der W.2, einer Schwimmerversion der C.III, wurde 1916 eine Maschine der Deutschen Marine übergeben. Keine dieser beiden Varianten wurde in Serie hergestellt. Einige Albatros C.VI wurden mit verstärkten, aber leichteren Zellen der C.III gebaut.
Der 180 PS Argus As.III-Motor verlieh diesem Typ leicht verbesserte Flugleistungen.

19 **Dorand AR-Typen**
Die zweisitzigen Aufklärungs-Doppeldecker AR waren nach dem Direktor der Section Technique de l'Aéronautique Dorand benannt. Die Konstruktion entstand 1916 durch Capitaine Georges Lepère, dem Chefkonstrukteur der S.T.A.é. Lt.Col. Dorand hatte die Entwicklung als Ersatz für die veraltenden Farman F.40 der Aviation Militaire angeregt. Die Bedeutung der verwendeten Bezeichnungen AR.1 oder ARL.1 ist unbekannt. Gelegentlich wurde vermutet, das „L" weise auf eine Produktion durch die Letord-Gesellschaft hin, obwohl es dafür keine sicheren Anhaltspunkte gibt. Eine andere und einleuchtendere Erklärung ist, dass die Kennbuchstaben zunächst für „Avion Renault" und später für „Avion Renault ou Lorraine" standen. Die Hauptproduktion wurde von dem regierungseigenen Werk der S.T.A.é. in Chalais-Meudon bei Paris durchgeführt. Man vermutet jedoch, dass auch eine gewisse Anzahl

von den Brüdern Farman und möglicherweise noch andren hergestellt wurde. Die Flugerprobung war im Herbst 1916 abgeschlossen; die ersten AR.1A.2 stiessen ab Frühjahr 1917 zu den französischen Einsatzeinheiten an der Westfront und blieben dort bis Anfang 1918. Insgesamt waren AR.1 und AR.2 bei etwa 18 französischen Escadrillen eingesetzt, davon flogen 5 mit ihren Dorands auch an der italienischen Front. Es gibt Hinweise darauf, dass beiden Flugzeugtypen keine Dringlichkeitsstufe zur Zuweisung lieferbarer Motoren zuerkannt wurde. Lt. Col. Dorand soll gesagt haben, die Flugzeuge bewährten sich so gut, wie man angesichts der eingebauten Motoren erwarten könne.
Die Standardtriebewerke für AR.1 waren der 190 PS Renault 8 Bd, für AR.2 der 200 PS Renault 8 Gdy. Als Alternative standen der 185 oder 240 PS Lorraine-Dietrich-Motor zu Verfügung. Die Bezeichnung war dann ARL. 1 und ARL.2. Es kamen jedoch auch andere Renault-Varianten zum Einbau. AR.1/ ARL.1 erhielten Frontkühler, AR.2/ ARL.2 Flächenkühler. Beide Typen zeigten die für Dorand-Flugzeuge charakteristische Rückwärtsstaffelung der Tragflächen. Die AR.2 war mit einer Spannweite von 12,00 m und einer Flügelfläche von 45,00 m² etwas kleiner. Die Bombenlast von etwa 80 kg trugen alle Versionen im Rumpf. Die Bewaffnung bestand aus einem einzelnen, synchronisiert nach vorne schiessenden Vickers-Maschinengewehr für den Piloten und einem oder zwei Lewis-MGs auf beweglicher Lafette im hinteren Sitz für den Beobachter.
1917 bestellte das Amerikanische Expeditions Korps 22 AR.1 und 120 AR.2. Die Lieferungen begannen im Dezember 1917 bzw. Februar 1918. Ab Anfang 1918 bis Mai oder Juni dieses Jahres flogen die Dorands Einsätze bei der 12. Aero-Squadron der AEF, bis sie durch Salmson 2 ersetzt wurden. Danach wurden sie fast ausschliesslich zur Schulung verwendet. 1919 wurden sie in Typ X umbenannt. Nach dem Krieg tauchten viele AR.1 und AR.2 im französischen Zivilluftfahrtregister auf. Etwa 24 waren als Verkehrsflugzeuge für 2 bis 3 Passagiere bei der Compagnie Aérienne Francaise in Frankreich und 4 bei Réseau Aérien Transafricain eingesetzt. Andere Maschinen wurden für Vergnügungsflüge und zur Schulung verwendet.

20 **Rumpler C.I**

Obwohl die Rumpler-Flugzeugwerke in der Zeit unmittelbar vor und nach dem Kriegsausbruch hauptsächlich mit dem Bau von Eindeckern des Typs Taube beschäftigt waren, entwickelten sie auch einen zweisitzigen Aufklärungs-Doppeldecker. Die B.I hatte einen 100 PS Mercedes D.I-Motor Von diesem Typ stellten Rumpler und Pfalz etwa 200 Flugzeuge her, welche 1914/ 15 an der Ost- und Westfront verwendet wurden, Anfang 1915 baute Rumpler als eine der ersten deutschen Firmen ein Flugzeug des C-Typs, die C.I. Dieses Flugzeug wurde eines der am längsten verwendeten seiner Klasse. Die Rumpler C.I war ein gut gebautes Flugzeug und so geschickt konstruiert, dass die Besatzung ihre verschiedenen Ausgaben mit grösster Wirksamkeit erfüllen konnte. Die Produktion der C.I und ihre Indienststellung begannen 1915. Standardmotor war der 160 PS Mercedes D.III mit halbreisförmigem Kühler in der Mitte der oberen Flächenvorderkante. Das zweistielige Tragwerk war leicht gepfeilt und hatte in den unteren Flügelwurzeln Ausschnitte, um die Sicht nach unten zu verbessern. Die Grossproduktion wurde durch die Flugzeugwerke Rumpler, Germania, Hannover, Märkische und Albert Rinne durchgeführt. Die ersten C.I der Serie hatten als Bewaffnung lediglich ein Parabellum-MG auf Schneider-Ringlafette im hinteren Cockpit. Erst die späteren Flugzeuge wurden zusätzlich mit einem synchronisierten Spandau-MG auf der linken Rumpfvorderseite ausgestattet. Eine Weiterentwicklung mit 180 PS Argus As. III-Motor wurde C.Ia genannt.

Die Rumpler C.I wurde an der Ost- und Westfront, in Mazedonien, Palästina und dem Golf von Saloniki eingesetzt. Auf allen diesen Kriegsschauplätzen erwies sich der Typ als ausserordentlich wirkungsvolles Kampfinstrument. Sowohl Aufklärungsflüge als auch Störangriffe mit kleinen Bomben bis zu 100 kg Zuladung wurden durchgeführt. Die Aufklärung wurde visuell und mit fotografischen Mitteln durchgeführt, ausser im Mittleren Osten, wo das damalige Fotomaterial dem Klima nicht gewachsen war. Im Oktober 1916 waren 250 Rumpler C.I im Einsatz an allen Fronten. Noch 1917 wurde der Typ gebaut, und selbst im Februar 1918 waren C.I an der Front. Nachher wurden sie als Schulflugzeuge verwendet; ihre angenehmen Flugeigenschaften machten sie dazu besonders geeignet.

Die Bayrischen Rumpler-Werke bauten eine Serie mit 150 PS Bz.III-Motor ohne Bewaffnung im hinteren Cockpit speziell für Schulungsaufgaben. Eine geplante Weiterentwicklung, die Rumpler C.II, wurde offenbar nicht gebaut.

21 **D.F.W. C.V**

Die C.V der Deutschen Flugzeugwerke war im Ersten Weltkrieg einer der besten Zweisitzer Deutschlands. Ihr Vorgänger war die C.IV, der sie im allgemeinen ähnlich sah. Fachleute sind über die Herstellungsziffern der C.IV geteilter Meinung; ihre Erfolge jedenfalls wurden von der wesentlich häufiger verwendeten C.V überschattet. Sicher ist, dass von den 2340 von D.F.W. während des Krieges gebauten Flugzeugen der C-Klasse die meisten C.IV und C.V. waren. Die Flugzeugzelle, welche Heinrich Oelerich konstruiert hatte, war beiden Typen gemeinsam. Die C.IV hatte einen sorgfältig eingebauten 150 PS Benz Bz.III-Motor mit flach in der oberen Tragfläche montiertem Kühler. Die Ruderflächen hatten keinen Gewichtsausgleich und Seitenflosse und Höhenleitwerk zeigten eine dreieckigere Form als bei der C.V. Die C.IV erschien im Frühjahr 1916 und wurde in der Folge von D.F.W. und Aviatik für beide deutschen Fliegertruppenteile gebaut. Die C.V (Werkbezeichnung T29) wurde ausser von D.F.W. auch von Aviatik, Halberstadt und L.V.G. gebaut. Im Unterschied zur C.IV wurde der stärkere Benz Bz.IV-Motor, anfangs mit Windhoff-Seitenkühlern,

verwendet. (Spätere Flugzeuge hatten zum Teil 185 PS N.A.G. C.III-Motoren.) Die späteren C.V hatten einen einzelnen kastenförmigen Kühler an der Vorderkante des Oberflügels, und die Propellernabe war verkleidet. Das Leitwerk hatte rundlichere Linien und die Steuerflächen waren ausgeglichen. Die C.V erschien im Spätsommer 1916 an der Westfront und kurz darauf auch in Italien, Mazedonien und Palästina. Die C.V wurde in Frankreich während des ganzen Jahres 1917 und Anfang 1918 verwendet. Bei Kriegsende befanden sich an allen Fronten immer noch etwa 600 C.V. Die C.V war gut zu fliegen und bei den Besatzungen sehr beliebt. Ihre Flugleistungen waren sowohl in grosser als auch in niedriger Höhe für ein Flugzeug dieser Klasse ausgezeichnet. Zu ihrem Aufgabenbereich gehörten Artilleriebeobachtung, Zusammenarbeit mit Infanterie sowie Sicht- und Photoaufklärung. Die C.V. war sehr wendig; ein geübter Pilot war in der Lage, selbst die modernen Jäger der Alliierten auszukurven. In seinem Buch „Fünf Jahre beim Royal Flying Corps" gibt Major J.T. McCudden, V.C., zu, dass er 1917 eine C.V entkommen lassen musste, da diese sich seinen wiederholten Angriffen mit einer S.E. 5a immer wieder entziehen konnte.
Von den C.V, die den Allierten beim Waffenstillstand zufielen, kaufte Belgien 25 bis 30 Flugzeuge. Sie wurden für einige Zeit zur Pilotenausbildung verwendet. Am 17. Juni 1919 stellte eine D.F.W. C.V mit 9 620 m einen Höhenweltrekord für diese Flugzeugklasse auf. 1918 erschien ein Prototyp der C.VI, ging jedoch nicht in Serie. Dieses Flugzeug hatte einen 220 PS Benz Bz.IVa Motor, überhängende ausgeglichene Querruder und ein neukonstruiertes Leitwerk.

22 **A.E.G. Typen C und J**
1914/15 baute die Allgemeine Elektrizitäts-Gesellschaft eine kleine Serie von unbewaffneten Aufklärungs- und Schulflugzeugen mit den Bezeichnungen B.I, B.II und B.III. Der erste C-Typ (bewaffneter Zweisitzer) war die aus der B.II abgeleitete C.I mit 150 PS Benz Bz. III-Motor und einem Bergmann-MG im hinteren Cockpit. Im Herbst 1915 folgte die kleinere und kompaktere C.II, die in der Lage war, vier 10 kg-Bomben zu tragen. Die C.III, welche ebenfalls Ende 1915 erschien, war offenbar von der Roland C.II beeinflusst, denn sie hatte einen dicken, plumpen Rumpf, der den Abstand zwischen den Tragflächen vollständig ausfüllte. Die C.III wurde nicht in Serie hergestellt.
Als bedeutendster A.E.G. C-Typ erschien 1916 die C.IV. Sie wurde gebaut, um das erhöhte Bedürfnis der Deutschen nach Gefechtsfeldaufklärungs- und Überwachungsflugzeugen befriedigen zu können. Äusserlich glich sie der C.II, hatte aber viel grössere Spannweite. Der 160 PS Mercedes D.III-Motor war in einer für A.E.G. typischen Verkleidung eingebaut, mit freistehenden Zylindern und einem „Rhinozeros-Horn" als Auspuffsammler, der bis über die Höhe des Oberflügels reichte. Der stabilen Bauweise wurde offenbar mehr Aufmerksamkeit geschenkt als der aerodynamischen Linienführung. Alliierte Berichte über erbeutete Ma-

schinen äusserten sich bewundernd über die hohe Qualität der Schweissverbindungen der Stahlrohre des Rumpfes. Die C.IV wurde im Frühjahr 1916 hauptsächlich für Begleitschutz- und Aufklärungsaufgaben in Dienst genommen. Bei Kriegsende waren immer noch einige C.IV im Fronteinsatz. Die Bewaffnung bestand aus einem nach rechts versetzten Spandau-MG vor dem vorderen Cockpit und einem Parabellum-MG auf Schneider-Ringlafette für den Beobachter. Bis zu 90 kg Bomben konnten zudem im hinteren Cockpit mitgeführt werden. Von den einzelnen A.E.G. C-Typen sind keine Produktionszahlen bekannt. Als Gesamtproduktion werden 658 Flugzeuge vom C-Typ genannt, und deren Haupteinsatz im Juni 1917 wird mit 170 Maschinen angegeben. Etwa 500 dieser Flugzeuge waren vermutlich C.IV. Eine Variante war der Nachtbomber C.IVN mit grösserer Spannweite, Bz.III-Motor und sechs 50 kg-Bomben Zuladung. Sie erschien 1917. Die C.V und C.VII erschienen beide 1916, erstere mit einem 220 PS Mercedes D.IVa-Motor, letztere mit einem Mercedes D.III-Motor und gepfeilten oberen Flügeln kleinerer Spannweite. Im Juli 1917 erschien die C.VIII mit noch kleinerer Spannweite, verbesserter Verkleidung des Mercedes-Motors und neukonstruiertem Leitwerk. Auch eine Dreideckerversion dieses Typs war im Laufe des gleichen Jahres zu sehen.

Die wichtigste Variante war aber der Anfang 1918 für Erdangriffe aus der C.IV entwickelte Typ. Motor und Besatzung waren durch etwa 390 kg schwere Panzerplatten geschützt. Um dieses schwere Flugzeug anzutreiben, wurde ein 200 PS Bz.IV-Motor eingebaut. Die erste Version war die J.I. Durch Ausrüstung mit kleinen Querrudern am Unterflügel wurde daraus die J.Ia. Die J.II hatte überhängende obere Querruder und ausgeglichene Steuerflächen. 609 A.E.G. J-Typen wurden gebaut, sie waren aber kein überwältigender Erfolg. Statt der normalen, nach vorne feuernden MGs hatte dieses Flugzeug zwei im Winkel von etwa 45° nach vorne unten schiessende Spandau-MGs, die am Boden des hinteren Cockpits montiert waren. Im Tiefflug war es aber schwierig, mit diesen MGs richtig zu zielen. Mindestens ein Versuchsflugzeug wurde als Einsitzer, dafür aber mit sechs nach unten schiessenden MGs geflogen.

Die Herstellung der C.IV wurde auch von Fokker ausgeführt. Dort sind wahrscheinlich einige der mit 180 PS Argus As.IIIMotor ausgerüsteten C.IVa gebaut worden.

23 **Halberstadt C.V**

1918 verwendete die Deutsche Fliegertruppe für die Photoaufklärung hauptsächlich zwei Flugzeugtypen: Rumpler C.VII und Halberstadt C.V. Zweifellos war die Rumpler C.VII das bessere Flugzeug, aber auch die C.V. von Halberstadt wurde in grosser Zahl gebaut und eingesetzt. Als ersten C-Typ baute Halberstadt 1916 die C.I, eine Version der B.II mit Rotationsmotor. Es ist zweifelhaft, ob dieser Typ in Serie hergestellt wurde. Die C.III, welche Ende 1917 erschien, war der erste Langstrecken-Aufklärer, den Karl Theiss konstruierte. Als Antrieb wurde der 200 PS Benz Bz.IV ver-

wendet. Ein ungewöhnliches Merkmal des Typs war die Befestigung des Unterflügels an einem kleinen „Kiel" unter dem Rumpf. Die C.III diente als Vorbild für die C.V, bei der eine konventionellere Flügelbefestigung angewandt wurde.
Triebwerk der C.V war eine Version des Benz Bz.IV mit hoher Verdichtung, welche 220 PS abgab und dem Flugzeug in grossen Höhen verbesserte Flugleistungen verlieh. Die Flügel hatten grosse Spannweite, zwei Paar Stützstreben und überhängende, ausgeglichene Querruder am oberen Flügel. Der Rumpf war im Grunde genommen ein vergrösserter C.IV-Rumpf, aber mit getrennten Sitzen für die zweiköpfige Besatzung. Die Kameras wurden durch eine Klapptüre im Boden des hinteren Cockpits nach unten gerichtet. Auch hier fehlte die traditionelle Ringlafette für ein Parabellum-MG nicht. Der Pilot verfügte über ein synchronisiertes Spandau-MG, das unmittelbar links vor ihm montiert war. Gewöhnlich hatten die C.V auch eine Funkausrüstung. Der Prototyp der C.V erschien Anfang 1918, die amtliche Abnahme erfolgte im Frühjahr. Sie wurde ab Sommer 1918 bis zum Waffenstillstand eingesetzt. Ausser von Halberstadt wurden C.V auch von den Firmen Aviatik, B.F.W. und D.F.W. hergestellt.
1918 erschienen verschiedene Varianten: C.VII, C.VIII und C.IX. C.VII (245 PS Maybach Mb.IV) und C.IX (230 PS Hiero) blieben Prototypen; letztere war vermutlich für den Serienbau in Österreich-Ungarn vorgesehen. Die C.VIII wurde im Oktober 1918 amtlich getestet. Sie war etwas kleiner als die C.V, hatte ein einstieliges Tragwerk und einen Mb.IV-Motor. Die Gipfelhöhe von 9000 m konnte in 58 Minuten erreicht werden. Vermutlich wäre die C.VIII in Serie hergestellt worden, wenn der Krieg noch angedauert hätte. Beim Waffenstillstand war jedoch erst der Prototyp fertiggestellt.

24 **Rumpler C.IV bis C.VII**

Die C.IV war Dr. Edmund Rumplers zweiter Entwurf eines Flugzeugs der C-Klasse, welcher in Grosserie gebaut wurde. Ihr Vorgänger war die ähnliche C.III, von welcher im Februar 1917 75 Flugzeuge in Dienst standen. Die C.III war eine Konstruktion aus dem Jahre 1916 mit 220 PS Benz Bz.IV-Motor. Als der stärkere Mercedes D.IVa-Motor verfügbar wurde, entwickelte man aus der C.III die C.IV. Dies war einer der wirkungsvollsten und elegantesten deutschen Zweisitzer des Krieges. Sie hatte die gestaffelten, gepfeilten „Libellen"-Flügel, welche alle folgenden Rumpler-Entwürfe charakterisierten. Das Höhenleitwerk hatte die Form einer Flügelmutter. Der Rumpf war verhältnismässig stromlinienförmig, spezielle Aufmerksamkeit wurde der Lufteinlassöffnung in der Verkleidung des 260 PS D.IVaMotors und der kleinen Propellerhaube geschenkt. Anstelle des kleinen gebogenen Seitenruders der C.III hatte die C.IV eine dreiekkige Flosse und ein Ruder wie die frühere C.I. Die C.IV besass die damals für Zweisitzer übliche Bewaffnung: vorne ein synchronisiertes Spandau-MG, hinten ein Parabellum-MG auf Ringlafette. Die Kameras für die Fotoaufklä-

rung wurden durch eine Klapptüre im hinteren Cockpitboden gerichtet. Häufig wurden auch kleine Störangriffe mit vier 25 kg-Bomben an Schlössern unter den Flügeln durchgeführt. Für ihre Klasse wies die C.IV vor allem in grosser Höhe ausgezeichnete Flugleistungen auf. Sie konnte in 38 Minuten auf 5000 m steigen und war auf ihrer Gipfelhöhe noch immer schnell genug, um alliierten Jägern zu entkommen. Rumpler C.IV wurden ausser an der Westfront auch in Italien und Palästina eingesetzt. Sie wurden von den Bayerischen Rumpler Werken und von den Pfalz Flugzeugwerken gebaut. Die von Pfalz gebauten Flugzeuge wiesen an beiden Tragflächen verbundene Querruder auf.
Die Rumpler C.V war eine Variante der C.III mit Mercedes D.IVa-Motor, ging jedoch nicht in Serie. Es gibt keinen Hinweis auf eine C.VI. Als nächste Version wurde die C.VII gebaut, welche Ende 1917 erschien. Die C.VII war mit einem 240 PS Maybach Mb.IVMotor ausgerüstet. Trotz kleinerer nomineller Leistung hatte dieser Motor ein höheres Verdichtungsverhältnis als der Mercedes D.IVa und darum weniger Leistungsabfall in grosser Höhe. Die C.VII war etwas kleiner als die C.IV und wurde in zwei Versionen gebaut: Als Langstrecken-Aufklärer mit Funkausrüstung und der üblichen Bewaffnung sowie als C.VII (Rubild). Bei der C.VII (Rubild) entfiel das vordere MG, dafür wurde aber zusätzliche Fotoausrüstung und Sauerstoffgeräte mitgeführt. Die Besatzung hatte ausserdem elektrisch beheizte Anzüge. Diese Einrichtungen waren unbedingt notwendig, da die C.VII in noch grösserer Höhe als die C.IV fliegen konnte. Die Gipfelhöhe von 7300 m konnte in 50 Minuten erreicht werden. In 600 m Höhe war die C.VII (Rubild) ebenso schnell wie etwa der Jäger S.E.5a der Alliierten. Sowohl die C.IV als auch die C.VII von Rumpler wurden bis zum Waffenstillstand eingesetzt.

25 **L.V.G. C-Typen**
Wie viele andere deutsche Flugzeugwerke baute auch die Luft-Verkehrs-Gesellschaft in den ersten Kriegsmonaten eine Reihe von unbewaffneten Zweisitzern der B-Klasse. Diese Flugzeuge bildeten die Grundlage für die bewaffneten Aufklärer, als deren C-Klasse im Frühjahr 1915 eingeführt wurde. Die aus der B.I entwickelte C.I von L.V.G. zeichnete sich dadurch aus, dass sie als erstes zweisitziges Flugzeug in Deutschland mit Schneider-Ringlafette und Parabellum-MG für den Beobachter ausgerüstet war. Franz Schneider hatte die ersten vier C-Typen von L.V.G. entworfen. Die C.I mit 150 PS Bz.III-Motor wurde nur in geringer Anzahl hergestellt. Ihr folgte Ende 1915 die aus der unbewaffneten B.II entwickelte C.II. Die L.V.G. C.II wurde in beachtlicher Anzahl von L.V.G. und von den Ago- und Otto-Werken gebaut. Der Antrieb erfolgte durch den 160 PS Mercedes D.III. Der Typ wurde in grosser Zahl für visuelle und fotografische Aufklärung sowie für leichte Bombenangriffe eingesetzt. Ein Flugzeug dieses Typs führte am 28. November 1916 einen kühnen Tagangriff auf den Victoria-Bahnhof in London durch. Sechs 10 kg-Bomben wurden abgeworfen.

Der Angriff war kein uneingeschränkter Erfolg, da das Flugzeug auf dem Rückflug gezwungen war, auf feindlichem Gebiet eine Notlandung vorzunehmen. Im Frühjahr 1916 waren etwa 250 C.I/C.II im Dienst. Einige der späteren C.II hatten ausserdem Parabellum MG noch ein nach vorne feuerndes Spandau-MG. Vermutlich wurde von der C.III nur eine Maschine gebaut. Dies war eine kleinere aber etwas schwerere Version der C.II; der Beobachter sass im vorderen Sitz. 1916 erschien eine vergrösserte Version der C.II mit sauber verkleidetem 220 PS Mercedes D.IV-Motor und ausgeglichenen Steuerflächen, die C.IV.

Ein bedeutender Fortschritt wurde mit der Entwicklung der L.V.G. C.V Mitte 1917 gemacht. Später wurde dieses Flugzeug in grosser Zahl häufig zusammen mit der C.V von D.F.W. eingesetzt. Die äusserliche Ähnlichkeit der beiden Typen ist dadurch zu erklären, dass der für den Entwurf der C.V verantwortliche Ingenieur früher Chefkonstrukteur bei D.F.W. gewesen war. Die L.V.G. C.V gehörte zu den grössten deutschen Zweisitzern des Krieges. Sie war ein sauberes, kompakt gebautes Flugzeug, mit libellenartigen Flügeln und überhängenden Querrudern. Der 200 PS Benz Bz.IV-Motor war sorgfältig eingebaut und durch einen kastenförmigen Kühler in der Flügelvorderkante gekühlt. Die Propellernabe war verkleidet. Die Bewaffnung bestand aus einem nach vorne schiessenden Spandau-MG und einem Parabellum-MG für den Beobachter. Unter der Flügeln konnten bis zu 115 kg Bomben mitgeführt werden. Im Herbst 1917 war die C.V weitverbreitet. Sie wurde schliesslich ausser an der Westfront auch in Palästina eingesetzt. Die C.V war ein gutes Mehrzweckflugzeug und wurde für Artilleriebeobachtung, Fotoaufklärung und leichte Bombenangriffe verwendet. Normalerweise flogen diese Flugzeuge unter Begleitschutz, obwohl sie notfalls durchaus in der Lage gewesen wären, sich selbst zu verteidigen.

1918 wurde die C.V durch die C.VI ergänzt. L.V.G. baute davon etwa eintausend Maschinen. Die C.VI wies verschiedene Änderungen auf, die teils zur Leistungsverbesserung, teils aber auch zur Vereinfachung der Herstellung eingeführt worden waren. Der Rumpf war höher und etwas schmäler, der Motor nicht ganz so sauber verkleidet; die Propellernabenverkleidung fehlte. Die leicht gestaffelten Flügel hatten normale Querruder und einen flach montierten Motorkühler. Dieser Kühler konnte im Falle eines Durchschusses für die Besatzung sehr gefährlich werden. Er wurde daher bei einigen Flugzeugen durch Windhoff Seitenkühler ersetzt. Die Sicht aus den Sitzen war bei der C.VI bedeutend besser als bei der C.V, wo Motorzylinder, Verspannungen und Kühler stark behinderten. Die C.VI hatte auch grössere und stärker gerundete Höhensteuerflächen.

Eine Variante der C.VI, die C.VIII, erschien 1918. Offenbar wurde nur eine Maschine gebaut. Sie hatte einen Bz.IVü-Motor mit hoher Verdichtung von 240 PS, mit den oberen Querrudern verbundene Querruder auch in der unteren Tragfläche sowie weitere kleinere Verbesserungen.

26 Albatros C.V, C.VII, C.X und C.XII

Bis einschliesslich des Typs C.IV waren die frühen Albatros C-Typen eigentlich Weiterentwicklungen der von Ernst Heinkel entworfenen unbewaffneten B-Typen. Dererstevollständig neukonstruierte C-Typ war die C.V, eine gemeinsame Schöpfung von Thelen und Schubert. Die C.V erschien im Frühjahr 1916. Das Tragwerk war von der C.III in leicht vergrösserter Form übernommen worden. Der neue zigarrenförmige Rumpf, die grosse Propellernabenverkleidung und das gerundete Leitwerk zeigten die bei den einsitzigen Albatros-Jägern bewährte Stromlinienform. Der Antrieb erfolgte durch einen fast vollständig verkleideten 220 PS Mercedes D.IVMotor. Das Modell C.V/16 (d.h. 1916 gebaut) hatte urspünglich hervorstehende Windhoff-Kühler auf beiden Rumpfvorderseiten. Rechts des Motorblocks war das synchronisierte Spandau-MG für der Piloten montiert, der Beobachter verfügte über ein Parabellum-MG auf Ringlafette. Bis zu 175 kg Bombenlast konnte mitgeführt werden. Die C.V/16 war kein sehr elegantes Flugzeug und recht mühsam zu fliegen. In dieser Beziehung brachte die C.V/17 einige Vorteile. Sie hatte einen versenkt montierten Flügelkühler, ausgeglichene trapezförmige Querruder am Oberflügel und elliptische Randbogen an den unteren Flügeln. Albatros baute insgesamt 424 C.V, doch war in der Zeit von Frühjahr 1916 bis Anfang 1917 immer nur ein Teil im Einsatz. Die Flugeigenschaften der C.V blieben immer mittelmässig, ausserdem wurde das Flugzeug häufig durch Kurbelwellenbrüche lahmgelegt.

Als die Herstellung des D.IV-Motors eingestellt wurde, kam auch die Produktion der C.V zum Stillstand. Versuchsweise wurde eine C.V/16 mit plump wirkenden I-Stielen gebaut, welche aber die Leistungen auch nicht verbesserten..

Der nächste Albatros C-Typ, die C.VII, ging Ende 1916 in Produktion. Eigentlich war eine Weiterentwicklung der C.V mit 260 PS Mercedes D.IVa-Motor vorgesehen gewesen. Da dieser aber noch nicht verfügbar war, wurde als Zwischenlösung die C.VII für Langstreckenaufklärung und Artilleriebeobachtung gebaut. Als Antrieb diente der 200 PS Benz Bz.IV-Motor, der in typisch deutscher Art mit unverkleideten Zylindern eingebaut wurde. Die Flugzeugzelle war aus Teilen der C.V/16 und der C.V/17 kombiniert. Unterflügel und Seitenkühler stammten von der C.V/16, die Oberflügel von der C.V/17. Wie bei Kompromisslösungen häufig der Fall, bewährte sich die C.VII sowohl im Kampfeinsatz als auch rein technisch. Sie war erfolgreich genug, um in bedeutender Anzahl gebaut zu werden. Noch Ende 1917 war der Typ im Einsatz, wurde aber im Februar desselben Jahres am zahlreichsten verwendet. Damals waren auf allen Kriegsschauplätzen zusammen 350 C.VII im Einsatz. In die Herstellung der C.VII teilten sich die Firmen Albatros, O.A.W. und B.F.W. Mitte 1917 erschien dann die geplante Weiterentwicklung der C.V mit dem langerwarteten Mercedes D.IVa-Motor unter der Bezeichnung C.X. Dieses Flugzeug war deutlich grösser als seine Vorgänger und zeigte

eine noch stärkere äussere Ähnlichkeit mit den Albatros D-Typen. Der flach montierte Flügelkühler wurde erneut verwendet. Die neuen Tragflächen hatten grösser Spannweite und doppelte Querruder. Diese aerodynamischen Verbesserungen sowie die erhöhte Motorleistung des zuverlässigen D.IVa-Motors verliehen der C.X vorzügliche Höhenflugeigenschaften. Neben Funk und/oder Bomben wurden gewöhnlich auch Sauerstoffatmungsgeräte mitgeführt. Neben Albatros bauten auch O.A.W., Linke-Hoffmann, B.F.W. und L.F.G. (Roland) diesen Typ. Bis Oktober 1917 waren 300 C.X im Einsatz und wurden von Aufklärungs- und Artilleriebeobachtungs-Einheiten bis Mitte 1918 verwendet.
Anfang 1918 erschien als Nachfolgemuster der C.X die Albatros C.XII. (Die C.XI blieb ein Projekt.) Bis zum Waffenstillstand blieb dieser Typ im Einsatz. In seiner letzten Form konnte er für sich in Anspruch nehmen, der schönste deutsche Zweisitzer zu sein. Seine eleganten, schnittigen Linien und die kleine Flosse an der Rumpfunterseite unterstrichen die Ähnlichkeit zwischen den Albatros C- und D-Typen. Die letzte Albatros C-Serie war die C.XV, welche aus dem Prototyp C.XIV des Jahres 1917 entwickelt worden war. Sie war kleiner und weniger elegant, hatte einen buckligen Rumpf, kurze, gestaffelte Flügel und einen 220 PS Benz Bz.IVa-Motor. Die Produktion lief 1918 an; bis zum Waffenstillstand erreichten jedoch nur wenige Flugzeuge die Front. Nach dem Kriege wurden diese C-Typen umgenannt: C.V. = L.14, C.VII = L.18, C.X = L.25, C.XII = L.27 und C.XV = L.47

27 **L.F.G. (Roland) C.II**

Die zweisitzige Roland C.II war eine sehr moderne Konstruktion und in der zweiten Hälfte 1916 eines der besten deutschen Flugzeuge an der Westfront. Mit nur 50 kg über der Grenze der leichteren CL-Klasse war sie der kleinste aller C-Typen des Krieges. Die Konstruktion von Dipl. Ing. Tantzen zeigte einen äusserst starken, sehr schön stromlinienförmig ausgebildeten Halbschalenrumpf mit Sperrholzbeplankung. Der Rumpf füllte den Abstand zwischen den Tragflächen vollständig aus, Die Flügel hatten einen einzigen I-Stiel und ein Minimum an äusseren Verspannungen. Beide Besatzungsmitglieder verfügten verfügten nach oben über ausgezeichnete Sicht. Nach unten jedoch wurde diese durch die vorstehenden Seitenkühler behindert, deshalb war die C.II recht schwierig zu landen.
Die erste C.II flog im Oktober 1915; die ersten Flugzeuge aus der Serienproduktion wurden aber erst im März 1916 abgeliefert. Diese Flugzeuge hatten lediglich ein nach hinten feuerndes Parabellum-MG im Beobachtersitz. Um die dringend notwendige, nach vorne wirkende Waffe zu erhalten, montierten einige Staffeln erbeutete Lewis-MGs über der Mitte der oberen Tragfläche. Spätere C.II waren dann serienmässig mit einem synchronisierten Spandau-MG ausgerüstet. Die ersten C.II setzten die Kampfgeschwader im Frühjahr 1916 in den Schlachten um Verdun und an der Somme ein. Die Leistungen der C.II waren bedeutend besser als die der anderen deut-

schen Zweisitzer ihrer Zeit. Die Roland C.II war tatsächlich ebenso schnell wie die gegnerischen Nieuport- und Pup-Jäger. Sie war allerdings weniger wendig als diese und benötigte zum Erreichen der Einsatzhöhe von 3000 m eine halbe Stunde. Einige Flugzeuge gingen der schlechten Sicht wegen bei Landeunfällen verloren. Ausserdem erwiesen sich die äusseren Tragflächenteile als zu schwach. Dies führte ab August 1916 zur Einführung der C.IIa mit überarbeiteten und verstärkten Flügelenden. Ende 1916 wurde die C.II mit vier 12,5 kgBomben unter dem Rumpf als Nachtbomber verwendet. Capt. Albert Ball, welcher seinen ersten bestätigten Luftseig gegen eine Roland C.II erfochten hatte, bezeichnete diese Mitte 1916 als „das gegenwärtig beste deutsche Flugzeug". Allerdings wurden Roland C.II nie in sehr grosser Zahl eingesetzt, denn die sorgfältige Beplankung verlangte teure Herstellungsmethoden und beschränkte so die Produktion. Die grösste Zahl von C.II/C.IIa wurde im Dezember 1916 mit 64 Flugzeugen im Fronteinsatz registriert. In der ersten Hälfte 1917 wurden sie langsam aus dem Frontbereich zurückgezogen und nun hauptsächlich zu Schulungszwecken verwendet. An ruhigeren Abschnitten der Westfront und in Russland wurden jedoch einige auch weiterhin für Kampfeinsätze verwendet. Die Gesamtproduktion wird auf etwa 250 bis 300 Flugzeuge geschätzt; davon wurden etwa 200 durch L.F.G., der Rest durch Linke-Hofmann hergestellt. Einige der letzten Flugzeuge hatten ein vergrössertes Seitenleitwerk. 1916 wurde eine einzelne Maschine des Typs C.III gebaut. Es handelte sich um eine Weiterentwicklung mit zweistieligem Tragwerk, parallelen Flügelstreben, geändertem Leitwerk und 200 PS Benz Bz.IV-Motor.

28 **Phönix C.I**

Die Phönix C.I stammte gemeinsam mit der Ufag C.I von der deutschen Hansa-Brandenburg C.II „Sternstreber" von Ernst Heinkel ab. Die Zusammenhänge sind in der Beschreibung der Ufag C.I (Nr. 29) erklärt. Ufag C.I und Phönix C.I wurden beide in Serie hergestellt, die Phönix C.I als Serie 121. Die Flugzeuge 121.01 und 121.02 waren die Prototypen, die sich hauptsächlich durch Baldachinstreben und Kühlerposition unterschieden. 121.02 wurde in der Folge durch Montage eines „Hifa"-Kühlers in der Flügelvorderkante der oberen Tragfläche auf den Standard der Serienflugzeuge gebracht. Diese wurden durch einen 230 PS Hiero-Motor angetrieben. Abgesehen vom zweiten Cockpit glich der Typ sehr stark dem Jäger Phönix D.I. Die Flügel ungleicher Spannweite zeigten ausgeprägt nach hinten geschweifte Enden und waren durch zwei parallele V-Streben verstrebt. Der hohe, schmale Rumpf liess nur noch einen kleinen Abstand zwischen Rumpf und Oberflügel; der Pilot hatte daher sehr gute Sicht nach vorne und oben. Aus der erhöhten Feuerstellung im hinteren Cockpit verfügte auch der Beobachter über ein ausgezeichnetes Sicht- und Schussfeld. Die Bewaffnung bestand aus einem synchronisierten Schwarzlose-MG unter dem linken

Seitenblech der Motorverkleidung. Es schoss durch eine Öffnung in der vorderen Verkleidung. Der Beobachter verfügte über ein bewegliches Schwarzlose-MG. Eine bescheidene Bombenzuladung von 50 kg konnte unter den unteren Flügeln aufgehängt werden. Die Phönix C.I wurde im Frühjahr 1918 in Dienst genommen und bis zum Waffenstillstand für Foto- und Sichtaufklärung eingesetzt. Etwa 110 Flugzeuge sind für die Fliegerkompanien gebaut worden. Die Phönix C.I waren etwas langsamer als die Ufag-Zweisitzer, hatten aber bessere Starteigenschaften, grössere Steigfähigkeit und bessere Höhenflugeigenschaften.

Nach dem Kriege wurden in Schweden von den Werkstätten der Armee-Luftwaffe in Malmslatt 30 Flugzeuge dieses Typs gebaut. Statt des österreichischen Motors wurde der 220 PS Benz Bz.IV eingebaut. Diese Flugzeuge wurden Anfang 1919 von der Königlich Schwedischen Armeefliegertruppe mit der Bezeichnung S 21 Dront in Dienst gestellt und bis in die 20er Jahre verwendet.

29 **Ufag C.I**

1916 bauten in Österreich-Ungarn sowohl Phoenix als auch die Ungarische Flugzeugfabrik A.G. Flugzeuge des Typs Hansa-Brandenburg C.II. Die „Sternstreber" waren Konstruktionen von Ernst Heinkel. Jede Firma entwickelte ihren eigenen C.I-Typ auf der Grundlage dieser Flugzeuge. Im Januar 1917 wurden Vergleichsflüge durchgeführt. Beide Flugzeuge hatten einen 230 PS Hiero-Motor. Die Ufag C.I unterschied sich von ihrem Konkurrenten durch parallele Flügelstreben, Flügel gleicher Spannweite mit gerundeten Enden und leichter Staffelung sowie durch ein rechteckiges, ausgeglichenes Seitenruder. Beide Flugzeuge hatten im hinteren Sitz eine erhöhte Ringlafette für ein Schwarzlose-MG.

Die Testflüge zeigten, dass beide Flugzeuge in verschiedenen Punkten Vorteile hatten, daher wurden schliesslich beide in Serie hergestellt. Die Ufag C.I hatte eine etwas geringere Gipfelhöhe und schlechtere Starteigenschaften als die Phönix C.I Dafür war sie merklich schneller und wendiger. Im Einsatz wurde daher die Ufag C.I für Aufgaben in niedriger Höhe, wie z.B. Artilleriebeobachtung, verwendet. Die Phönix C.I wurde wegen ihrer grösseren Gipfelhöhe als Fotoaufklärer gewählt. Die Serienflugzeuge der Ufag C.I hatten ein Seitenruder mit einer dreieckigen Flosse, welche die Längsstabilität verbesserte. Im vorderen Rumpf konnten ein oder zwei synchronisierte MGs montiert werden. Da vermutlich die Phönix-Jagdeinsitzer in der Produktion den Vorrang hatten, wurden die beiden C-Typen erst Anfang 1918 in Dienst gestellt. In den verbleibenden Kriegsmonaten leisteten sie aber wertvolle Dienste. Nach Kriegsende wurde eine kleine Serie von Ufag C.I an Rumänien geliefert. Es darf angenommen werden, dass die Ufag C.I das bessere Flugzeug war, da sie auch von Phönix in Lizenz hergestellt wurde. Die von Phönix gebauten Ufag C.I (mindestens 36) wurden mit Serie 123 bezeichnet. Die durch Ufag hergestellten über 100 Flugzeuge waren als Serie 161 bekannt.

30 Anatra D und DS

Die erste wichtige Aufgabe der Anatra Flugzeugewerke in Odessa war die Herstellung von Voisin-Bombern. Aus der Voisin LA.S entstand nach Änderungen, entworfen von Lt. V. V. Iwanow von der Kaiserlich Russischen Fliegertruppe, der Typ VI (Voisin-Iwanow) mit 150 PS Salmson (Canton-Unné) Motor. Zwischen März 1915 und März 1916 wurden etwa 150 dieser Flugzeuge gebaut. Unglücklicherweise erwiesen sie sich als vollkommene Versager. Wegen völlig ungenügender Stabilität und mangelnder Seitensteuerbarkeit ereigneten sich viele Abstürze. Anfang 1917 führte Iwanow mit einer geänderten Version Testflüge durch und erhielt von kompetenter Seite Zustimmung. Die Abstürze hörten aber nicht auf, und schliesslich wurde die VI als „für Kampfeinsätze vollständig ungeeignet" aufgegeben.

Anfang 1916 baute Anatra einen eigenen zweisitzigen Aufklärungsdoppeldecker mit 100 PS Gnome Monosoupape-Motor, den Typ D. Ein erster Auftrag für 80 Anatra Typ D im April 1916 wurde später durch Bestellungen für weitere 700 Flugzeuge erweitert. Die ersten Flugzeuge wurden noch im Sommer 1916 in Dienst gestellt. Es war unvermeidlich, dass sie unter dem schlechten Ruf der VI zu leiden hatten, obwohl sie es nicht verdienten. Verschiedentlich wurde allerdings berichtet, der Typ sei kopflastig oder neige zu Motorenausfällen wegen schlechter Kühlung. Die Knappheit an Rohmaterial, speziell an gutem Holz, zwang oft zu improvisierter Herstellung. Das hatte zur Folge, dass viele Flugzeuge in der Luft auseinanderbrachen, wenn sie den Belastungen des Kampfes ausgesetzt wurden. Die Produktion wurde nach dem Bau von erst 205 Anatra D eingestellt. Im Frühjahr 1917 war die Anatra D am häufigsten eingesetzt, im April waren 76 Maschinen an der Front. Bis Juni sank ihre Zahl aber auf 40, und bei Jahresende war der Typ vollständig von der Front verschwunden. Trotz ihrer Nachteile war eine gut gebaute Anatra D in den Händen eines erfahrenen Piloten keineswegs ein schlechtes Flugzeug. Sie konnte in 15 Minuten auf 2000 m steigen und war mit einem oder zwei MGs zur Verteidigung bewaffnet. Die russische Flugzeugindustrie war stets durch Lieferschwierigkeiten der Flugmotoren behindert, daher wurden auch einige Anatra D mit 130 PS Clerget-Rotationsmotoren ausgerüstet. Eine Weiterentwicklung des Typs D erschien ab Mitte 1917 im Einsatz. Es handelte sich um die Anatra DS mit 150 PS Salmson (Canton-Unné) Sternmotor (was ihr den populären Namen „Anasal" eintrug). Die DS war mit einem nach vorne feuernden, synchronisierten MG und einem Beobachter-MG auf Ringlafette bewaffnet. Die Revolution im November 1918 bedeutete das Ende der Produktion. Bis zu diesem Zeitpunkt waren etwa einhundert DS hergestellt worden.

31 Junkers J.1

Die Junkers J.1 gilt zusammen mit der Airco D.H.6 als das eckigste Flugzeug des Ersten Weltkrieges. Die J.1 war im übrigen das einzige der von Hugo Junkers während der Kriegsjahre gebauten zahlreichen Ganzmetallflugzeuge, das als Doppeldecker entstand. Sie wurde als Ersatz für die A.E.G.-und Albatros J-Typen entworfen, die von den Flieger Abteilungen als Zwischenlösung für Infanterieunterstützung eingesetzt worden waren. Anfang 1917 führte sie ihren Erstflug durch. Ihre Aufgabe war es, in niedriger Höhe Gräben und vorgeschobene Infanteriestützpunkte zu überfliegen und durch Funk über Truppenkonzentrationen und -bewegungen zu berichten. Ihre Metallkonstruktion verlieh ihr ausgezeichneten Schutz gegen das oft sehr heftige Abwehrfeuer. Die 5 mm starke Panzerschale, welche den 200 PS Benz Bz.IV-Motor und die Besatzung schützte, hatte allein ein Gewicht von etwa 470 kg. Bei späteren Ausführungen war auch der hintere Rumpf mit Metall beplankt. Andere unkonventionelle Merkmale waren die enorme Spannweite der oberen Tragfläche sowie das sehr niedrige Fahrgestell. Die Serienausführung der J.1 hatte im Unterschied zum Prototyp überhängende, ausgeglichene Quer- und Höhenruder und ein neukonstruiertes Seitenleitwerk. Die Propellernabenverkleidung wurde bei den Flugzeugen im Einsatz oft abgenommen. Manchmal wurde im hinteren Rumpf auch eine Kamera mitgeführt. In die Produktion teilen sich die Firmen Junkers und Fokker. Insgesamt wurden 227 Flugzeuge gebaut; das erste Flugzeug der Serie war im Oktober 1917 fertiggestellt. Ab Anfang 1918 wurden sie in Dienst genommen und erwiesen sich bei der Erfüllung ihrer Aufgaben als sehr erfolgreich. Oft haben J.1 während eines Auftrages über den eigenen Truppen Munition und Nahrungsmittel abgeworfen. Die Grösse und das Gewicht der J.1 erforderten lange Start und Landestrecken und sie war etwas schwerfällig. Dies trug ihr den Beinamen „Möbelwagen" ein. Trotzdem schätzten die Besatzungen ihre Festigkeit und den durch die Panzerung gebotenen Schutz. Die J.1 wird allgemein als das beste deutsche gepanzerte Flugzeug des Ersten Weltkrieges angesehen. Die normale Bewaffnung bestand aus zwei Spandau-MGs unter der Motorverkleidung und einem einzelnen Parabellum-MG auf Ringlafette im hinteren Sitz. Zu Beginn ihrer Verwendung waren einige J.1 statt mit der Funkausrüstung mit zwei aus dem Beobachtersitz nach unten gerichteten Parabellum-MGs bewaffnet. Das Zielen mit diesen Waffen in kleinen Flughöhen bei hoher Geschwindigkeit erwies sich aber als zu schwierig, zo dass diese Bewaffnung wieder aufgegeben wurde. Zur Zeit ihrer grössten Verwendung standen 189 J.1 an der Front im Einsatz.

32 **Ansaldo S.V.A.-Typen**

Die vorzüglichen S.V.A.-Doppeldecker, welche Italien im letzten Kriegsjahr so ausgezeichnete Dienste leisteten, waren Entwürfe von Umberto Savoia und Rudolfo Verduzio. Auf privater Grundlage entwickelte Ansaldo 1916 ein einsitziges Jagdflugzeug. Dieses zeigte sich derart erfolgversprechend, dass sich die Firma Ansaldo mit massiver Unterstützung durch die italienische Regierung sehr vergrössern konnte. Die S.V.A.-Typen standen schliesslich zahlenmässig an zweiter Stelle der 1914-18 gebauten italienischen

Flugzeuge.
Der S.V.A.-Prototyp flog erstmals am 3. März 1917. Er war ein elegantes Flugzeug mit schlankem, sperrholzbeplanktem Rumpf. Die Tragflächen mit geringer Profildicke waren durch ein Warren-Fachwerk verstrebt. Reichweite, Geschwindigkeit und Steigfähigkeit waren bedeutend besser als bei irgend einem der damals in Italien verwendeten Flugzeuge. Da dem Typ aber die Wendigkeit der Hanriot HD.1 fehlte, beschloss die Italienische Luftwaffe, die Ansaldo als Aufklärer und leichten Bomber einzusetzen. Die Serienherstellung begann im Herbst 1917. Zunächst wurde bei Ansaldo der Typ S.V.A.4 gebaut, welcher im Februar 1918 in Dienst gestellt wurde. (A.E.R. baute die S.V.A.3, eine Version mit kurzer Spannweite, welche ab Frühjahr 1918 in geringer Zahl zur Heimatverteidigung, gelegentlich auch zu Aufklärungsflügen, verwendet wurde.) Die S.V.A.4 war mit einem 220 PS S.P.A.6A-Motor ausgerüstet. Die Bewaffnung bestand gewöhnlich aus zwei synchronisierten, nach vorne feuernden Vickers-MG. Wenn eine Aufklärungskamera mitgeführt wurde, entfiel eines des MGs. I.S.V.A. war eine Seeflugzeug-Version.
Die bedeutendste Einsitzerversion war die S.V.A.5. Sie unterschied sich nur in Details von der S.V.A.4 und hatte denselben Motor. Beide Typen wurden für Bombenangriffe über die Alpen nach Österreich und Deutschland sowie längs der Adriatischen Küste eingesetzt. Während der Feldzüge im Sommer und Herbst 1918, welche zur österreichischen Kapitulation führten, lieferten diese Flugzeuge viele ausserordentlich wichtige fotografische Aufklärungsergebnisse. Einige S.V.A.-Landflugzeuge waren Teil einer gemischten Staffel der Italienischen Marine, wo sie auf ihre Verwendbarkeit als Torpedo-Bomber untersucht wurden. 1918 wurden etwa 50 Schwimmerflugzeuge I.S.V.A. gebaut, welche zur Überwachung der italienischen Küste und Verteidigung der Marinestützpunkte eingesetzt wurden.
1917 wurden der 220 PS Lorraine-Dietrich und der 250 PS Isotta-Fraschini V-6 Motor als Alternativlösungen für die S.V.A. geprüft. Der V-6 wurde dann für zwei zweisitzige Varianten gewählt, welche 1918 erschienen. Dies waren die S.V.A.9, ein unbewaffnetes Schulflugzeug, und die S.V.A.10, ein Aufklärer und Bomber. Die S.V.A.10 wurde etwa im August/September 1918 in Dienst gestellt und war mit einem nach vorne feuernden Vikkers-MG und einem beweglich montierten Lewis-MG im hinteren Sitz bewaffnet.
Die grosse Reichweite der S.V.A.-Flugzeuge trat in den letzten Kriegsmonaten verschiedentlich zutage: Im September 1918 führte der Prototyp einen Nonstopflug von 1448 km durch. Im Februar 1919 beendeten zwei S.V.A.-Flugzeuge (von sieben gestarteten Maschinen) in 109 Flugstunden die 18105 km lange Strecke Rom-Tokio. Bis Ende 1918 waren 1250 Maschinen (einschliesslich der I.S.V.A.) fertiggestellt. Als die Produktion 1928 auslief, hatte sich diese Zahl auf 2000 erhöht. Die S.V.A. blieben sowohl in Italien als auch in Nordafrika noch viele Jahre im Dienst. 1923

waren noch immer 6 Staffeln damit ausgerüstet und erst Mitte der 30er Jahre wurden sie endgültig ausser Dienst gestellt. In den 20er Jahren wurden viele S.V.A. von zivilen italienischen Fliegerschulen und Clubs verwendet. Auch als Sport- und Rennflugzeuge wurden sie in Italien und den USA geflogen. S.V.A.-Militärflugzeuge wurden nach Argentinien, Ecuador, Peru und Lettland exportiert.

33 **S.I.A. 7 und 9 und Fiat R-2**
Die Società Italiana Aviazione in Turin, eine Tochtergesellschaft des Fiat-Automobilkonzerns, betätigte sich in den ersten beiden Jahren nach Italiens Eintritt in den 1. Weltkrieg mit der Lizenzfabrikation ausländischer Flugzeugtypen. 1917 wurde jedoch eine italienische Konstruktion von Savoia und Verduzio (welche auch die Ansaldo-Typen entworfen hatten) hergestellt. Dieses Flugzeug, die S.I.A. 7B, war ein zweisitziger, bewaffneter Aufklärungsdoppeldecker mit 260 PS Fiat A-12-Motor. Der Typ wurde als S.I.A. 7B im November 1917 vom Corpo Aeronautica Militare in Dienst gestellt. Die Bewaffnung bestand aus einem Revelli-MG auf einer Nieuport-Lafette im hinteren Sitz sowie einem zweiten MG des gleichen Typs auf der oberen Tragfläche, das am Propeller-Kreis vorbeischoss. Eine bescheidene Bombenlast von etwa 60 kg konnte unter der unteren Tragfläche mitgeführt werden. Die S.I.A. 7B. 1 war ein wendiges Flugzeug mit guter Geschwindigkeit im Horizontal- und Steigflug. Eine Reihe von Tragflächenbrüchen vereitelten aber den grossen Erfolg. Auf Grund dieser Ereignisse wurde der Typ im Juli 1918 aus dem Einsatz zurückgezogen. 501 S.I.A. 7B.1 sind gebaut worden. 1917 wurden zwei zur Erprobung in die USA gesandt, und im Februar 1918 kaufte die A.E.F. weitere 19 Flugzeuge, um sie an der italienischen Front einzusetzen.
Eine spätere und vermutlich solidere Version, die S.I.A. 7B.2, war mit dem 300 PS Fiat A-12bis-Motor ausgerüstet. Der Rumpf war höher gebaut, um die beiden Sitze mit dem Motor auf gleiche Höhe zu bringen. Dies verbesserte die Sicht der Besatzung beträchtlich, denn die hohe Motorverkleidung der S.I.A. 7B.1 hatte die Sicht nach vorn stark behindert. Die S.I.A. 7B.2 hatte wie ihr Vorgänger gute Geschwindigkeit, Steigfähigkeit und Reichweite. Ein Flugzeug dieses Typs flog ohne Zwischenlandung von Turin nach London, eine Entfernung von etwa 1200 km. Unglücklicherweise hatte die 7B.2 auch die zu schwache Tragflächenstruktur der 7B.1 übernommen. Beide Flugzeugtypen wurden gleichzeitig aus dem Einsatz zurückgezogen. Die S.I.A. 7B.2 war nur etwa zwei Monate lang im Einsatz gewesen, und es sind nur 71 Flugzeuge gebaut worden.
Eine vergrösserte Bomber/Aufklärerversion flog erstmals Ende 1917. Es handelte sich um die S.I.A. 9B, ebenfalls ein Zweisitzer, aber mit einem grossen 700 PS Fiat A-14-Motor. Sie konnte 350 kg Bomben mitführen. Ab Februar 1918 war die S.I.A. 9B im Einsatz. Sie zeigte zwar gute Leistungen und eine erstaunliche Tragfähigkeit, litt aber ebenfalls an der strukturellen Schwäche ihrer Vorgänger. Die

Italienische Luftwaffe weigerte sich, den Typ einzusetzen; von den 500 bestellten S.I.A. 9B sind lediglich 62 gebaut worden. Diese flogen bei drei Staffeln der Italienischen Marine.
Die Schwäche der ursprünglichen Konstruktion wurde erst überwunden, als aus der S.I.A. die „Fiat Aviazione" wurde und Celestino Rosatelli die Zelle überarbeitet hatte. Das Resultat war die Fiat R-2, eine wesentlich verbesserte, etwas kleinere Version der S.I.A. 7B.2 mit demselben Motor. Auf der oberen Tragfläche war ein Rivelli-MG montiert, zudem bestand die Möglichkeit, im hinteren Sitz ein oder zwei Lewis-MGs anzubringen. Es wurden 500 R-2 bestellt. Die Produktion lief im Herbst 1918 an; bis zum Waffenstillstand waren aber lediglich 129 Flugzeuge fertiggestellt. Daher hatte die Fiat R-2 nur noch wenig Kriegseinsätze, blieb aber als Standard-Bomber/Aufklärer bis 1925 bei der Italienischen Luftwaffe in Dienst.

34 Pomilio P-Typen

Die P-Typen der Fabbrica Aeroplani Ing. O. Pomilio waren die meist gebauten Flugzeuge italienischer Konstruktion während des Ersten Weltkrieges. Die bewaffneten Zweisitzer wurden 1917/18 in Turin gebaut. Als erster wurde im März 1917 der Typ PC mit 260 Fiat A-12-Motor in Dienst gestellt. Die Motorverkleidung liess nach deutscher Manier die Zylinderköpfe frei. Pilot und Beobachter sassen in getrennten, aber nahe beieinanderliegenden Sitzen. Der Pilot verfügte über ein Rivelle-MG, welches auf der oberen Tragfläche montiert war und in einem Winkel am Propellerkreis vorbeischoss. Der Beobachter hatte ebenfalls ein Rivelli-MG auf einer Lafette des Nieuport-Typs. Die PC war schnell genug, um bei Aufklärungsflügen ohne Begleitschutz auszukommen. Sie war aber nicht genügend stabil, der Grund häufiger Unfälle. Um diesen Nachteil zu beseitigen, hatte das folgende Modell PD unterhalb des Leitwerks eine kleine, geschwungene Flosse, welche mit dem Sporn kombiniert war. Weitere Änderungen betrafen die Motorverkleidung, die jetzt auch die Zylinderköpfe umschloss. Ein Blockkühler vor der oberen Tragfläche trat anstelle des vertikalen Kühlers vor dem Sitz der PC.
Der weitaus erfolgreichste Typ war die ab Februar 1918 eingesetzte PE. Diese hatte einen 300 PS A-12bis-Motor mit Frontkühler, leicht vergrösserte obere Seitenflosse und ein grösseres Höhenleitwerk. Die PE war mit einem nach vorne feuernden, synchronisierten MG sowie mit einer Scharff-Ringlafette für ein oder zwei Lewis-MGs bewaffnet. Sie konnte 3000 m Höhe in 16 Minuten erreichen.
Pomilio P-Typen flogen bei 30 Squadriglie des Corpo Aeronautica Militare; 1918 verwendeten 18 Staffeln PD oder PE. Am 20. Oktober 1918 wurden 112 PE in die Schlacht von Vittorio Veneto geführt. Die Gesamtproduktion der drei Typen erreichte 1616: 545 PC und PD im Jahre 1917 und 1071 PD und PE im Jahre 1918. Die letzte Variante war die PY. Sie entsprach im allgemeinen der PE, hatte aber zur Verbesserung des Schussfeldes des Beobachters eine ebene Rumpfoberseite. Es sind nur 7 PY gebaut

worden. Die Brüder Pomilio verkauften ihr Unternehmen an Ansaldo und emigrierten in die USA, wo sie weiter im Flugzeugbau tätig waren. Sie entwarfen zwei Typen, welche vom US-Signal Corps erprobt wurden – die FVL-8 und die BVL-12. Die FVL-8 war ein einsitziger Jäger mit 280 PS Liberty 8-Motor, die BVL-12 ein zweisitziger Bomber mit 400 PS Liberty 12. Sechs Jagdflugzeuge und fünf Bomber sind gebaut worden.

35 **S.A.M.L. S1 und S.2**
Der bewaffnete Zweisitzer der Deutschen Aviatik, die B.I, wurde während des Ersten Weltkrieges in Italien in grosser Zahl in Lizenz hergestellt. Die ersten drei Versionen wurden mit A.1 (100 PS Fiat A-10), A.2 (120 PS Le Rhône) und A.3 (110 PS Colombo) bezeichnet. Die meisten waren allerdings mit 140 PS Salmson (Canton-Unné) Sternmotoren ausgerüstet, später wurden in einigen Flugzeugen auch 160 PS Isotta-Fraschini V4B eingebaut. 1915-18 wurden in Italien 568 Aviatik gebaut, davon wurden 410 bei der Società Aeronautica Meccanica Lombarda in Monza hergestellt. Bis Anfang 1917 wurden diese Flugzeuge in grosser Zahl von den italienischen Aufklärungsstaffeln eingesetzt, nach dieser Zeit wurden sie bis 1930 als Schulflugzeuge verwendet. Ab Anfang 1917 wurden die Aviatik durch die italienische Entwicklung S.A.M.L. S.1 in ihrer Rolle als Aufklärer abgelöst. Konstrukteur war der schweizerische Ingenieur Robert Wild, der vorher in Deutschland für den Bau der Aviatik B.I und B.II verantwortlich gewesen war. Dabei handelte es sich um eine vergrösserte Weiterentwicklung der Aviatik mit dreistieligem Tragwerk. Der Antrieb erfolgte durch den 260 PS Fiat A-12-Motor. Im hinteren Sitz war ein 6,5 mm Rivelli-MG auf einer Dreibein-Lafette drehbar montiert. Die S.1 war in erster Linie ein Aufklärungsflugzeug, obwohl sie auch bis 40 kg kleine Bomben tragen konnte. Sie wurde hauptsächlich von der 1 Armata des Corpo Aeronautica Militare in Trentino für Artillerie-Aufklärung und für kleinere Bombenangriffe eingesetzt. Ab Sommer 1917 wurden die Bestände durch die S.2 ergänzt. Dieser Typ wies ein zweistieliges Tragwerk kürzerer Spannweite ohne Staffelung auf. Die unteren Flügel hatten V-Stellung. Statt des Seiteruders mit gerader Oberseite hatte die S.2 ein durchgehend gerundetes Seitenruder. Auf der oberen Tragfläche war ein zweites Rivelli-MG montiert, das am Propellerkreis vorbeischoss.
Die S.A.M.L.-Zweisitzer waren solide gebaut, zuverlässig und und einfach zu fliegen und wurden deshalb von ihren Besatzungen sehr geschätzt. Zwischen 1916 und 1918 wurden 657 S.1 und S.2 gebaut. Sie dienten bei 16 Squadriglie da Ricognizione in Italien, Albanien und Mazedonien. Einige S.2 trugen statt Bomben Fotokameras mit sich, andere waren mit Doppelsteuerung ausgerüstet und wurden für die Schulung verwendet. Die ersten S.2 hatten denselben Motor wie die S.1, später wurde jedoch der stärkere 300 PS Fiat A-12bis eingebaut. Einige Flugzeuge dieses Typs überlebten des Krieg und wurden später während den italienischen Feldzügen in

Nordafrika erneut eingesetzt.

36 **Royal Aircraft Factory B.E.2, B.E.2a und B.E.2b**

Der erste von der Army Aircraft Factory gebaute B.E.-Typ* war die von Geoffrey de Havilland und F.M. Green in der zweiten Hälfte des Jahres 1911 konstruierte B.E.1. Angeblich soll es sich dabei um den Nachbau eines Voisin-Doppeldekkers gehandelt haben. Tatsächlich war aber der 60 PS Wolseley-Motor die einzige Gemeinsamkeit der beiden Typen. Selbst das änderte sich, denn kurze Zeit nach dem Erstflug der B.E.1 am 1. Januar 1912 wurde ein 60 PS Renault eingebaut. Die B.E.1 diente später unter der offiziellen Serienummer 201 beim R.F.C.

Die B.E.2, welche im Februar 1912 erschien, war eine Weiterentwicklung mit ungestaffelten Flügeln gleicher Spannweite und einem 70 PS Renault-Motor. Sie war ein Zweisitzer; der Pilot sass im hinteren Sitz. Am 12. August 1912 stellte die B.E.2 mit 3 219 m einen neuen britischen Höhenrekord auf. Kurz darauf demonstrierte sie ihre Überlegenheit über den Cody-Doppeldecker, den offiziellen Sieger der Militärversuchsflüge von Larkhill. Eine Bestellung von 4 B.E.2 war fast drei Monate vor diesem Ereignis bei Vickers aufgegeben worden. Das erste Flugzeug wurde im Februar 1913 an das R.F.C. geliefert. Weitere Bestellungen folgten. Die meisten der damaligen Serienflugzeuge wurden als B.E.2a ausgeliefert. Diese hatten Tragflächen ungleicher Spannweite, eine zusätzliche Verkleidung am vorderen Sitz und ein geändertes Treibstoffsystem. Die B.E.2/2a war vor Ausbruch des Ersten Weltkrieges bereits bei drei Staffeln des R.F.C. in Dienst, der R.N.A.S. besass im September 1913 mindestens ein solches Flugzeug.

Nach Kriegsausbruch dienten die B.E. bei den Squadrons 2, 4, 6, 8, 9 (Funk) und 16 in Frankreich sowie bei der früheren Eastchurch Squadron des R.N.A.S. in der Gegend von Ostende-Dünkirchen. Die B.E.2/2a wurden durch die B.E.2b mit neu konstruierter Höhen- und Seitensteuerbetätigung, abgeänderter Rumpfoberseite und Sitzverkleidungen ergänzt, welche die Besatzung besser schütze. Das erste Victoria Cross (höchste britische Auszeichnung) des Krieges für einen Piloten, wurde posthum an Lt.W.B. Rhodes-Moorhouse von der Squadron 2 verliehen. Er brachte am 26. April 1915 nach einem Bombenangriff auf den Bahnhof von Courtrai seine B.E. trotz Verwundung zurück. Ein anderer Pilot der gleichen Einheit flog am 13. August 1914 eine B.E.2a als erstes britisches Flugzeug nach Kriegsausbruch nach Frankreich. Die B.E. des R.N.A.S. wurden häufig als Bomber verwendet. Dabei wurden entweder eine 45 kg-Bombe oder drei kleinere unter

Bei dem im November 1911 eingeführten Bezeichnungssystem der Army Aircraft Factory bedeuteten die Buchstaben B.E. „Blériot Experimental". Dies sollte jedoch lediglich andeuten, dass es sich dabei um zweisitzige Mehrzweckflugzeuge mit Zugpropeller handelte. Diese Flugzeuge hatten sonst keinerlei Gemeinsamkeiten mit den Blériot-Entwicklungen.

dem Rumpf angehängt. Die ersten B.E. hatten keinerlei eingebaute Abwehrwaffen, ihr einziger Schutz bestand in den Revolvern oder Gewehren, welche die Beobachter mitführten. Häufig wurde mit diesen Waffen Leuchtspurmunition gegen feindliche Luftschiffe verschossen. Diese ersten B.E.-Typen wurden fast ausschliesslich in Frankreich eingesetzt, einige wenige Flugzeuge des R.F.C. zudem in Ägypten. Der R.N.A.S. verwendete ein oder zwei Flugzeuge des R.F.C. dieses Typs beim Feldzug an den Dardanellen. Es sind 164 Seriennummernzuteilungen für B.E.2/2a/2b bekannt. Diese Flugzeuge wurden von neun britischen Flugzeugfirmen hergestellt. Zweifellos wurden aber mehr Flugzeuge gebaut; die noch existierenden Unterlagen erlauben aber keine genaueren Angaben. Die letzten B.E.2b wurden im Spätherbst 1916 geliefert, zu einer Zeit, als der Typ seit einem guten Jahr veraltet war. Die Flugzeuge der letzten Produktionsserien und solche, die aus dem Fronteinsatz zurückgezogen worden waren, wurden noch für einige Zeit mit Erfolg als Schulflugzeuge verwendet.

37 **Royal Aircraft Factory B.E.2c und B.E.2d**

Während der ersten Jahre ihres Bestehens waren die Royal Aircraft Factory und ihr Vorgänger damit beschäftigt – man ist beinahe versucht zu sagen, bessessen – ein vollkommen stabiles Flugzeug zu entwerfen. Es wurde ganz richtig angenommen, dass ein solches Flugzeug einfacher und sicherer zu fliegen sei. Sicher spielte bei diesen Überlegungen auch die Meinung des Kriegsministeriums eine Rolle, nach der Flugzeuge nur zur Aufklärung brauchbar wären. Für diese Aufgabe ist natürlich ein ruhig fliegendes Flugzeug sehr wünschenswert. In Frankreich zeigte allerdings die Kampferfahrung jeden Tag erneut, dass diese Ansicht falsch war. Doch entweder wurde die Factory nicht informiert oder sie übersah geflissentlich, dass gerade die gute Stabilität der B.E. der Grund ihres Misserfolges war. Gegenüber den wendigen Fokker-Eindeckerjägern mit ihren nach vorne schiessenden MGs war die B.E.2 vollkommen hilflos. Sie war viel zu stabil, um den Feind auszukurven, zu langsam, um ihm davonzufliegen, und da sie 45 Minuten benötigte, um die bescheidene Gipfelhöhe von 3000 m zu erreichen, hatte sie auch keine Chance, im Steigflug zu entkommen.

Edward Busk, einer der bekanntesten Testpiloten der Factory, verwendete bei der Erforschung der Stabilität von Flugzeugen in erster Linie die B.E.2. Die wichtigsten Resultate seiner Untersuchungen wurden beim Bau der B.E.2c berücksichtigt. Im Frühsommer 1914 führte dieser Typ seinen Erstflug durch. Das Flugzeug hatte Flügel gleicher Spannweite mit ausgeprägter Staffelung sowie mit doppelten Querrudern statt der Verwindungssteuerung der früheren B.E.-Typen. Die Fläche des Seitenruders wurde ebenfalls vergrössert. Einige B.E.2c kamen noch Ende 1914 nach Frankreich; die erste vollständig damit ausgerüstete Einheit (Squadron 8) traf aber erst im April 1915 dort ein.

Zu dieser Zeit war der aus dem Renault-Motor der ersten B.E.2c entwickelte R.A.F.-1a-Motor das Standardtriebwerk. Das einfache V-verstrebte Fahrwerk hatte die Kombination von Rad und Kufe abgelöst. Die Bombenlast der B.E.2c mit Renault-Motor bestand aus vier unter der Rumpfnase aufgehängten 11 kg Cooper-Bomben. Die Flugzeuge mit R.A.F.1a-Motor trugen zwei 51 kg-Bomben oder zehn 9 kg Bomben unter den Tragflächen. Mit der grösseren Bombenlast wurden sie meistens vom Piloten allein (im hinteren Cockpit) geflogen. Die B.E.2c diente schliesslich an der Westfront beim Wing 1 des R.N.A.S. und bei mehr als einem Dutzend Staffeln des R.F.C. Als Bomber und Aufklärer wurde der Typ auch in Mazedonien und im Mittleren Osten eingesetzt.

B.E.2c der Marine dienten als Bomber und U-Boot Abwehrflugzeuge in den Dardanellen und in der Aegäis. Ab Frühjahr 1916 wurde die B.E.2c durch die B.E.2d unterstützt. Diese hatte unterhalb der oberen Tragfläche einen grossen Benzintank, was ihre Reichweite, bei fast gleichbleibender Zuladung, vergrösserte. Allerdings benötigte sie fast die doppelte Zeit wie die B.E.2c, um auf 3000 m zu steigen. Die neue Version hatte dafür etwas bessere Verteidigungsmöglichkeiten, da der Beobachter im hinteren Cockpit sass und mit einem beweglichen Lewis-MG bewaffnet war. Einige B.E.2d wurden an die Escadrille 6 der belgischen Aviation Militaire geliefert und mit 150 PS Hispano-Suiza-Motoren ausgerüstet.

Trotz ihres schlechten Rufes in Frankreich als „Fokker-Futter" erfreute sich die B.E.2c in England eines grösseren Erfolges. Ihre Stabilität machte sie zu einer guten Waffenplattform als Nächtjager. Mit einem nach oben schiessenden Lewis-MG über der oderen Tragfläche und als Einsitzer geflogen errang die B.E.2c einige Erfolge in der Heimatverteidigung, unter anderem konnte sie 7 Luftschiffe zerstören. Die Konsequenzen aus den Verlusten in Frankreich wurden allerdings nicht gezogen; als einzige Massnahme wurde die Produktion gesteigert. Der Typ war immer noch im Fronteinsatz, als im Juli 1917 die letzte B.E.2c abgeliefert wurde. Genaue Zahlen können nicht angegeben werden, doch sind wahrscheinlich insgesamt etwa 1300 B.E.2c/2d gebaut worden. Diese beiden Modelle blieben bis zum Waffenstillstand in Dienst, zuletzt allerdings nur noch als Schulflugzeuge.

38 **Royal Aircraft Factory B.E.2e**

Das letzte Modell der unglücklichen B.E.2-Serie war die B.E.2e. Sie war etwas schneller und beweglicher als ihre Vorgänger, bedeutete aber keinen wirklichen Fortschritt. Ihre Steigfähigkeit war sogar noch schlechter als die der B.E.2c, und aus unerfindlichen Gründen wurde wieder die veraltete Sitzanordnung angewandt. Dies behinderte den Beobachter beim Einsatz seines MG beträchtlich. Im Aufbau allerdings waren verschiedene Änderungen vorgenommen worden. Das Tragwerk war einstielig, die Flügel hatten nicht abgerundete, schräg verlaufende Enden. Die Spannweite war verschieden gross. Das Höhenleitwerk war ebenfalls nach hinten abgeschrägt, das Seitensteuer war vergrössert und stärker

abgerundet.
Einige Bestellungen für B.E.2c/ 2d wurden zugunsten der Version B.E.2e abgeändert. Die ersten Flugzeuge des neuen Modells wurden im Juli 1916 an das R.F.C. geliefert. In der Folge wurden sie von fast allen Staffeln eingesetzt, welche die früheren B.E.2-Varianten geflogen hatten. Sie dienten in Mazedonien und Indien und natürlich an der Westfront. Etwa 95 B.E.2e des R.F.C. erhielt der RNAS für Schulungszwecke. Einige dieser Flugzeuge wurden mit 75 PS Rolls-Royce Hawk-Motoren ausgerüstet. Im August 1918 kaufte die US-Navy 12 B.E.2e für Schulungszwecke.
Es ist nicht möglich, die Herstellungszahlen der B.E.2-Typen detailliert anzugeben. Das Bauprogramm war weitverzweigt, viele Aufträge sind unbestätigt geblieben oder lauten für die Produktion von zwei oder mehr Varianten. Neben der Royal Aircraft Factory haben mindestens zweiundzwanzig andere britische Firmen am Produktionsprogramm mitgewirkt. Die wichtigsten waren die British & Colonial Aeroplane Co., Ruston Proctor & Co., Vickers Ldt., Vulcan Motor & Engineering Co. und G. & J. Weir. Seriennummernzuteilungen sind für 3535 Flugzeuge des B.E.2-Typs bestätigt. Sicher ist aber eine grössere Anzahl gebaut worden. So scheint die Annahme vernünftig, dass über 1800 B.E.2e gebaut worden sind. Etwa die Hälfte dieser Flugzeuge ist vermutlich zur Schulung verwendet worden.

39 **Royal Aircraft Factory R.E.5**
Die R.E.5 war das erste Aufklärungs-Versuchsflugzeug der Royal Aircraft Factory, das in Serie hergestellt wurde. 24 Flugzeuge wurden mit dem Geld gebaut, welches das Kriegsministerium von der Admiralität im Herbst 1913 für den Verkauf der Armee-Luftschiffe an die Marine erhalten hatte. Die R.E.5 erschien 1914 als grosser, zweisitziger Doppeldecker mit zweistieligem Tragwerk. Die Flügel hatten gleiche Spannweite, Tiefe und Profil und wiesen eine deutliche V-Stellung auf. Ober- und Unterflügel hatten Querruder. Die R.E.5 war mit der Beardmore-Version des 120 PS Austro-Daimler-Motors in einer langen Verkleidung ausgerüstet. Der Beobachter, welcher zur Verteidigung lediglich über Handfeuerwaffen verfügte, sass im vorderen Sitz. Normalerweise konnten 27 kg als Bombenlast getragen werden.
Die R.E.5 wurde ab September 1914 von der Squadron 2 des RFC und ab April 1915 von der Squadron 7 in Frankreich eingesetzt. Capt. J. A. Liddell von der letzteren Einheit erhielt das V.C., nachdem er im Juli seine schwer beschädigte R.E.5 heimgeflogen hatte. Der RNAS setzte im September 1914 von Dünkirchen aus ebenfalls einen R.E.5-Bomber ein. Das wichtigste Merkmal früherer Konstruktionen des R.E.-Typs war Stabilität gewesen. Eine R.E.1 wurde von Edward Busk in Farnborough während seiner Untersuchungen über absolute Stabilität ausgiebig getestet. Die R.E. 5 übernahm von ihren Vorgängern die Zuverlässigkeit und die Einfachheit der Bedienung und war sehr robust gebaut. Leider beeinträchtigte die geringe Wendigkeit und das Fehlen einer Abwehrbewaffnung ihren Erfolg im Einsatz beträchtlich. Die

Einsatzzeit der R.E.5 war daher nur von kurzer Dauer.
Die sechste Serienmaschine wurde zum Einsitzer umgebaut und für Versuchsflüge in grosser Höhe mit Flügeln grösserer Spannweite versehen. Dieses Flugzeug erreichte im Juni 1914 5182 m. Ein anderes, ähnlich abgeändertes Flugzeug, wurde in Farnborough für Versuchsflüge mit der 152 kg-Bombe und der Aufhängvorrichtung der Factory verwendet. Dieses Flugzeug bildete die Grundlage zur späteren R.E.7.

40 **Royal Aircraft Factory R.E.7**

Kurz nach Ausbruch des Ersten Weltkrieges konstruierte die Royal Aircraft Factory eine neue Bombe von 152 kg Gewicht. Diese Waffe wurde zusammen mit ihrer Aufhängevorrichtung 1915 mit einer umgebauten R.E.5 im Flug getestet. Die R.E.7 wurde ebenfalls 1915 vor allem als Träger dieser Waffe entworfen. Ihr Prototyp glich dem Versuchsflugzeug R.E.5, hatte aber noch grössere Spannweite und Flügelfläche.
500 R.E.7 wurden bestellt, aber nur etwas mehr als die Hälfte davon tatsächlich gebaut. 100 Flugzeuge baute Siddeley-Deasy, je 50 Napier und Coventry Ordnance Works und 52 wurden von der Austin Motor Co. hergestellt. Vorübergehend wurden die ersten R.E.7 mit 120 oder 160 PS Beardmore-Motoren ausgerüstet; sobald jedoch der 150 PS RAF 4a-Motor verfügbar war, wurde dieser als Standardmotor eingebaut. Die Ablieferung der Flugzeuge begann Ende 1915. Die erste, vollständig mit R.E.7 ausgerüstete Einheit, die Squadron 21 des RFC, kam damit im Januar 1916 nach Frankreich. Nr. 21 blieb die einzige ausschliesslich mit R.E.7 ausgerüstete Staffel, die Squadron 12 verwendete allerdings auch einige R.E.7 und bei der Squadron 20 flog mindestens ein Flugzeug dieses Typs (ein Dreisitzer). Während ihrer Einsatzzeit in Frankreich wurden die R.E.7 meistens für Begleitschutz oder Aufklärung zweckentfremdet. Für diese Aufgaben waren sie jedoch zu langsam und zu schwach bewaffnet. Erst ab Sommer 1916 wurden sie für Bombeneinsätze verwendet; im August begann aber bereits ihre Ablösung durch B.E.12. Als Alternative zur schweren Farnborough-Bombe konnte die R.E.7 zwei 51 kg-Bomben und einige kleinere tragen. Die Bewaffnung bestand lediglich aus einem Lewis-MG auf einer improvisierten Lafette im vorderen Cockpit.
Nach ihrem Rückzug aus dem Fronteinsatz wurden die R.E.7 bei Schulungseinheiten bis ins Jahr 1918 verwendet. Zu ihren Aufgaben gehörte auch das Scheibenschleppen.
Einige Maschinen wurden zu 3-Sitzern umgebaut, wobei der dritte Sitz mit einem MG auf Ringlafette ausgerüstet wurde. Anderen wurden für den versuchsweisen Einbau des 190 PS Falcon I-, des 200 PS RAF 3a- und des 225 PS Sunbeam-Motors verwendet. Sechs R.E.7 waren dem RNAS zugeteilt.

41 **Royal Aircraft Factory R.E.8**

Der Ende 1915 ausgeführte Entwurf der R.E.8 sollte dem RFC ein Flugzeug mit besserer Abwehrbewaffnung als Ersatz für die letzten Varianten der B.E.2 liefern. In der Serienversion war die R.E.8 tatsächlich besser bewaffnet. Das sture Festhalten der Royal Aircraft Factory am Konzept der absoluten Stabilität hatte aber zur Folge, dass die R.E.8, wie ihre Vorgänger, durch die viel wendigeren deutschen Jäger ausgekurvt werden konnte. Zwei Prototypen (7996 und 7997) wurden gebaut. Der erste flog erstmals am 17. Juni 1916, der zweite etwa drei Wochen später. Der Antrieb erfolgte durch den RAF 4a-Motor, welcher als Standardmotor auch für die Serienherstellung beibehalten wurde. Die Flügel mit starker Staffelung und V-Stellung waren von der B.E.2e übernommen worden.

Die Produktion lief im August 1916 an. Die ersten Flugzeuge hatten, wie die Prototypen, ein Lewis-MG mit Trommelmagazin, das am Cockpitboden montiert war und zwischen den mit Ablenkplatten versehenen Propellerblättern hindurchschoss. Im hinteren Sitz war ein Lewis-MG auf einer Ringlafette angebracht. Als frontale Bewaffnung der R.E.8 wurde aber bald ein Vickers-MG eingeführt. Dieses war links unter der Motorverkleidung eingebaut und zunächst mit Challenger-, später mit Constantinesco-Getriebe synchronisiert. Die Lieferungen begannen im November 1916, die ersten Flugzeuge erreichten noch in demselben Monat mit der Squadron 56 des RFC Frankreich. Infolge einer unerklärbaren Verkleinerung der Flügelfläche bei den Serienmaschinen hatte die R.E.8 einen katastrophalen Beginn ihrer Laufbahn. Verschiedene Flugzeuge gingen durch Trudeln oder durch Feuer nach Bruchlandungen verloren. Bei den folgenden Serienflugzeugen wurde daher die Flügelfläche beider Tragflächen leicht vergrössert.

Die R.E.8 war das am meisten verwendete britische zweisitzige Flugzeug an der Wetstfront. Sieben Hersteller in England bauten zusammen 4 099 Flugzeuge dieses Typs. Darin sind 22 an die Escadrille 6 der belgischen Aviation Militaire gelieferte Flugzeuge enthalten. Diese wurden später auf 150 oder 180 PS Hispano-Suiza-Motoren umgerüstet. 16 Staffeln des RFC/RAF in Frankreich waren mit R.E.8 ausgerüstet. Sie wurde 1917 und 1918 ständig eingesetzt.

Zu ihren Aufgaben gehörte Beobachtung, Aufklärung, Erdunterstützung, Nachtbombardierung (mit zwei 51 kg- oder der entsprechenden Anzahl kleinerer Bomben) sowie Erdangriffe (mit vier 29,5 kg-Bomben). Obwohl ihr die deutschen Jäger überlegen waren, diente sie der Sache der Alliierten ausgezeichnet und länger als notwendig gewesen wäre. 15 Staffeln der RAF flogen noch beim Waffenstillstand mit R.E.8. Zwei britische Staffeln in Italien, zwei in Mesopotamien und vier in Palästina sowie drei Einheiten der Heimatverteidigung hatten einige R.E.8. Für kurze Zeit blieben auch nach dem Krieg einige bei der RAF in Dienst.

Eine Variante war die R.E.8a mit 200 PS Hispano-Suiza-Motor und einem auf dem Vorderrumpf montierten Vickers-MG. Vermutlich wurde nur eine R.E.8a gebaut. R.E.9 und R.T.1 waren mögliche Nachfolgemuster der R.E.8 und hatten viele gleiche Bauteile. Eine Anzahl R.E.8 wurden in R.E.9 mit Flügeln gleicher Spannweite und Änderungen der Steuerflächen umgebaut. Siddeley-Deasy baute sechs R.T.1 mit verschiedenen Motoren, Flügeln ungleicher Tiefe und einem Lewis-MG auf der oberen Tragfläche.

42 Sopwith 1 1/2-Strutter

Der „1 1/2-Streber"* wurde im Ersten Weltkrieg von England, Frankreich und anderen alliierten Streitkräften für viele Aufgaben eingesetzt. Dazu gehörten Jagd-Aufklärung, Bombenangriffe, Erdangriffe, Küstenüberwachung, U-Bootabwehr und Fotoaufklärung. Seine guten Leistungen bei der Erfüllung all dieser Aufgaben – oft angesichts eines überlegenen Feindes – sprechen für die ausserordentlichen Qualitäten dieses Flugzeugs. Historisch gesehen ist die 1 1/2-Strutter aus zwei Gründen bedeutend: Sie war das erste britische Flugzeug mit wirkungsvoll synchronisiertem Maschinengewehr, zudem wurde sie als Flugzeug der strategischen Bomber-Formation gewählt.

Der im Dezember 1915 fertiggestellte Prototyp (3686) war ein zweisitziger Doppeldecker mit 110 PS Clerget 9Z-Motor. Anfang 1916 ging er für den RNAS in Serie. Die Zweisitzerversion wurde als „Admirality Type 9400" bekannt. Ursprünglich war die 1 1/2-Strutter mit einem nach vorne feuernden Vickers-MG für den Piloten und einem Lewis-MG im hinteren Sitz bewaffnet. Verschiedene Synchronisiergetriebe sind eingebaut worden; am verbreitetsten war jedoch das ausgezeichnete Scarff-Dibovsky-Getriebe. Später wurde statt der ursprünglichen Nieuport-Lafette im hinteren Sitz eine Scarff-Ringlafette montiert. Die 1 1/2-Strutter wurde im April 1916 von Wing 5 des RNAS in Frankreich in Dienst gestellt, wo sie zunächst als Begleitschutz für französische Bomber flog. Wing 3 des RNAS setzte sie dann gegen Ende desselben Jahres endlich in ihrer eigentlichen Rolle als Bomber ein. Diese Einheit war im Frühjahr 1916 aufgestellt und mit zu Einsitzern umgebauten 1 1/2-Struttern (Admirality Type 9700) ausgerüstet worden. Diese Flugzeuge konnten im Rumpf vier 29,5 kg-Bomben mitführen und hatten einen sehr grossen Aktionsradius. Etwa zu dieser Zeit benötigte das RFC dringend 1 1/2-Strutter aus der laufenden Produktionsserie. Daher konnte Wing 3 seine ersten Bombardierungsflüge erst im Sommer durchführen, die Einheit war eigentlich erst ab

* Anmerkung d. Übersetzers: Die merkwürdige Bezeichnung dieses Flugzeuges kam zustande, weil es nicht, wie 1916 üblich, ein zweistieliges Tragwerk erhielt. Stattdessen wurde der 1 1/2-Strutter einstielig ausgeführt und erhielt zusätzlich diagonale Strebenpaare, die von Rumpf zu einem Punkt der oberen Tragfläche verliefen, an dem sich normalerweise das zweite Strebenpaar hätte befinden müssen.

Oktober 1916 voll einsatzfähig. Unterdessen wurde Squadron 70 des RFC die erste Einheit mit 1 1/2-Struttern und setzte diese im Sommer 1916 in der Somme-Schlacht ein. Das Kriegsministerium bestellte weitere 1 1/2-Strutter, um Squadron 43 und 45 in Frankreich damit auszurüsten.
Acht Hersteller bauten in England zwischen 1 400 und 1 500 1 1/2-Strutter. Darunter befanden sich auch 58 „Ship-Strutters", welche an Bord von H.M.S. **Argus, Furious, Vindex** und anderen grösseren Schiffen der Navy verwendet wurden. Einige dieser Flugzeuge führten auch wertvolle Versuche für Decklandungen, Fangvorrichtungen, Notwasserungen und Starts vom Schiffsdeck durch. Eine kleine Anzahl 1916 nach Frankreich gelieferter 1 1/2-Strutter (später auf über 50 erhöht) bildeten den Auftakt zu einer umfangreichen Lizenzproduktion. Vier französiche Hersteller bauten etwa 4 500 1 1/2-Strutter. Die Aviation Militaire setzte diese Flugzeuge in grosser Zahl ein, zunächst hauptsächlich als einsitzige Bomber. In Frankreich gebaute Flugzeuge wurden an drei belgische Staffeln und nach Russland geliefert. Die grösste Bestellung für französische Serienmaschinen kam im Frühjahr 1918 von der AEF, welche 514 1 1/2-Strutter kaufte und diese mit wenigen Ausnahmen zur Schulung einsetzte. 21 dieser Flugzeuge wurden später an die US-Navy abgegeben. Fünf nach Holland verirrte Flugzeuge wurden dort interniert und später von der Holländischen Luftwaffe eingesetzt. Andere Flugzeuge kamen nach Japan, Litauen und Rumänien.
Mitte 1917 wurden die 1 1/2-Strutter des RFC durch Camel ersetzt. Viele wurden darauf wieder nach England gebracht und bei der Heimatverteidigung als Nachtjäger eingesetzt. In diesen Einsitzern sass der Pilot im hinteren Cockpit. Die Bewaffnung bestand für diese Einsätze aus einem oder zwei Lewis-MGs, welche in einer Foster-Lafette über der oberen Tragfläche montiert waren. Britische und französische Strutter dienten auch in Mazedonien, Italien und im Aegäischen Raum. Im Frühjahr/Sommer 1917 verwendete der RNAS einige in England und im Mittelmeer zur Küstenüberwachung und zur U-Bootabwehr.
Die 1 1/2-Strutter war nicht einfach zu warten, ihre Clerget-Motoren (130 PS bei den letzten Modellen) bereiteten oft Schwierigkeiten. Trotzdem waren diese gutaussehenden Flugzeuge einfach zu fliegen und haben Eindruckvolles geleistet.

43 Sopwith Cuckoo

Schon lange vor Ausbruch des Ersten Weltkrieges war die Admiralität und im speziellen der damalige Capt. Murray F. Sueter von der Eignung des Flugzeuges als Torpedo-Träger überzeugt. Vor 1916 wurden alle derartigen Einsätze ausschliesslich von Wasserflugzeugen durchgeführt, welche auf ruhige Seee angewiesen waren. Im Oktober 1916 trat jedoch Sueter offiziell mit dem Auftrag an Sopwith heran, zu untersuchen, ob ein einsitziges Landflugzeug bei einer Flugdauer von 4 Stunden

einen oder zwei Torpedos von 454 kg Gewicht tragen könne.
Der Prototyp von Sopwith erhielt die Werksbezeichnung T.1 (später die Bezeichnung N74) und flog erstmals im Juni 1917. (Der einsitzige Bomber B.1 wurde gleichzeitig mit der T.1 entwickelt. Er war zwei oder drei Monate früher fertig, wurde aber nicht in Serie hergestellt.). Die Sopwith T.1 hatte ein dreistieliges, zurückklappbares Tragwerk. Der Sitz lag hinter der Flügelhinterkante. Zwischen den Streben des niedrigen Fahrwerks war der Torpedo aufgehängt. Die T.1 wurde im Juli 1917 offiziell abgenommen, im August erfolgte eine Bestellung für 100 Flugzeuge. Weitere 50 Maschinen wurden im November bestellt. Ursprünglich war der Prototyp mit einem 200 PS Hispano-Suiza-Motor ausgerüstet. Diese Motoren wurden jedoch dringend für die S.E.5a-Jäger benötigt, die N74 wurde daher auf 200 PS Sunbeam Arab-Motor umgerüstet und dieser blieb auch bei den Serienflugzeugen Mk.I das Standardtriebwerk. Die beiden ersten Auftragnehmer, Fairfield und Pegler, hatten noch keine Erfahrung im Flugzeugbau und lieferten ihre Flugzeuge erst im Oktober und September 1918. Um diese Verzögerungen überbrücken zu können, wurde Anfang 1918 bei Blackburn eine weitere Bestellung aufgegeben. Das erste von dieser Firma gebaute Flugzeug wurde im Juli abgeliefert. Zu dieser Zeit wurde der Typ auch Cuckoo getauft. Insgesamt wurden 350 Cuckoo bestellt; wegen der Kürzungen einiger Bestellungen nach dem Waffenstillstand sind aber lediglich etwa 150 gebaut worden, davon bis November 1918 90 Flugzeuge. Am 31. Oktober 1918 besass die RAF 61 Cuckoo.
Die erste mit Cuckoo ausgerüstete Staffel hatte sich erst 12 Tage vor diesem Zeitpunkt auf der H.M.S. **Argus** eingeschifft und kam deshalb zu spät für Kriegseinsätze. An Bord von H.M.S. **Furious** befanden sich drei weitere Cuckoo. Nach dem Waffenstillstand wurden an Bord von H.M.S. **Eagle** und bei den Squadrons 185, 186 und 210 Cuckoo eingesetzt. Einige Flugzeuge wurden mit 200 PS Wolseley-Viper-Motoren als Mk. II hergestellt. 1919 flog Cuckoo N7990 mit einem 275 PS Rolls-Royce Falcon III-Motor, was die besten Flugleistungen aller Varianten ergab. Die Entwicklung wurde jedoch abgebrochen. 1921 bildeten sechs Cuckoo Mk.II einen Teil der Ausrüstung der britischen Luftmission in Japan. Dort legten sie den Grundstein für den späteren Vorsprung dieses Landes im Bau von Torpedo-Flugzeugen. Die Cuckoo wurde im April 1923 aus dem Dienst bei der RAF zurückgezogen.

44 **Airco D.H.4**

Die Airco D.H.4 war Englands erstes als schneller Tag-Bomber entworfenes Flugzeug. Später wurde sie allerdings auch für viele andere Aufgaben verwendet. Geoffrey de Havilland konstruierte das Flugzeug für den 160 PS B.H.P.-Motor. Im August 1916 flog der erste Prototyp mit diesem Motor. Vorher wurden allerdings bereits 50 D.H.4 mit 250 PS Rolls-Royce III oder IV- (später Eagle

III oder IV) Motoren bestellt. Ein Motor dieses Typs wurde daher in den zweiten Prototyp eingebaut. Die D.H.4 erwies sich als ein bequemes Flugzeug, das leicht zu steuern und zu fliegen war. Als Nachteil erwies sich im Einsatz der zwischen den beiden Sitzen installierte Benzintank. Er war dort durch feindliches Feuer leicht zu beschädigen und behinderte die Verständigung zwischen Pilot und Beobachter.

Verschiedene Detailverbesserungen der Zelle sowie die Montage einer Ringlafette für das Lewis-MG des Beobachters wurden beim zweiten Prototyp eingeführt und bei den Serienflugzeugen beibehalten. Diese wurden ab Anfang 1917 abgeliefert. Der Pilot verfügte über ein nach vorne schiessendes, mit Constantinesco-Getriebe synchronisiertes Vickers-MG. Die 50 D.H.4, die der RNAS bei Westland bestellte, hatten zwei vordere Vickers-MGs und zur Verbesserung des Schussfeldes des Beobachters eine erhöht angebrachte Scarff-Ringlafette. Die folgende Produktion erreichte derartige Ausmasse, dass nicht genügend Rolls-Royce-Motoren geliefert werden konnten. Zu den Alternativlösungen gehörten: 200 PS Puma oder Adriatic (Varianten des B.H.P.), 200 PS RAF 3a, 260 PS Fiat A-12 und 375 PS Eagle VIII. Mit dem letztgenannten Triebwerk erzielte die D.H.4 aussergewöhnliche Flugleistungen, unter anderem erreichte sie 230 km/h Geschwindigkeit. Spätere Serienflugzeuge wiesen, unabhängig vom verwendeten Motor, grössere Propeller und daher auch höhere Fahrgestelle auf.

Als erste Einheit des RFC erhielt Squadron 55 D.H.4, die im März 1917 damit in Frankreich eintraf. Die ersten Angriffe führte sie während des folgenden Monats durch. Als erste Einheit des RNAS wurde die Squadron 2 etwa zur gleichen Zeit mit D.H.4 einsatzbereit. D.H.4 wurden von den RFC/RAF-Squadrons 18, 25, 27, 49, 55 und 57 und von den RNAS/RAF-Squadrons 2, 5, 6, 11 und 17 an der Westfront eingesetzt. Die Bombenzuladung der D.H.4 betrug maximal zwei 104 kg- oder vier 51 kg-Bomben oder das entsprechende Gewicht an kleineren Bomben. Der RNAS wusste aus den Fähigkeiten der D.H.4, feindliche Jagdflugzeuge auszukurven und zu übersteigen, mehr zu machen. Die D.H.4 war in der Lage, ohne Begleitschutz zu fliegen. Sie wurde neben dem Einsatz als Bomber auch zur Artilleriebeobachtung, U-Bootabwehr und für Fotoaufklärung eingesetzt. Ausser in Frankreich dienten D.H.4 verschiedenen britischen Einheiten in Russland, Mazedonien, Mesopotamien, im ägäischen und adriatischen Raum. Auch in England wurde sie zur Küstenüberwachung und zur Schulung eingesetzt. Versuchsweise wurden zwei Langstreckentypen mit Treibstoff für 14 Flugstunden ausgerüstet. Sie waren dazu bestimmt, den Schiffsverkehr im Kaiser-Wilhelm-Kanal zu fotografieren, wurden aber nie zu diesem Zweck, sondern erst später als Nachtjäger mit zwei über der Tragfläche montierten Lewis-MGs eingesetzt. Zwei weitere D.H.4 wurden mit 1 1/2-pfündigen

Kanonen von Coventry Ordnance Works zwar ausgerüstet, aber nicht erprobt. Eine Wasserflugzeugversion wurde getestet, und D.H.4-Landflugzeuge haben Versuche mit Schwimmern und Fallschirmen durchgeführt.
Kurz nach dem Waffenstillstand wurde die D.H.4 von der RAF ausser Dienst gestellt. Verschiedene Flugzeuge wurden zu dieser Zeit an Belgien, Chile, Griechenland, Iran, Kanada, Neuseeland, Südafrika und Spanien geliefert. In einigen dieser Länder wurde die D.H.4 bis Anfang der 30er Jahre verwendet. Britische zivile D.H.4 waren unter anderen die D.H.4A, ein Kabinenflugzeug für zwei Passagiere und das Rennflugzeug D.H.4R aus dem Jahre 1919. Dieses erreichte mit dem 450 PS Napier Lion-Motor eine Höchstgeschwindigkeit von 241,4 km/h. 1 449 D.H.4 sind von sieben Herstellern in England gebaut worden. SABCA in Belgien baute im Jahre 1926 weitere 15 Flugzeuge.
Die grösste Produktion von D.H.4 fand jedoch in den USA statt. Sie war das einzige britische Flugzeug, das in Amerika für Kampfeinsätze im Ersten Weltkrieg gebaut wurde. Ein Musterflugzeug wurde im Juli 1917 nach Amerika gesandt und dort mit einem 400 PS Liberty-12-Motor ausgerüstet. Es absolvierte am 29. Oktober seinen Erstflug. 4 846 als „Liberty-Flugzeuge" bezeichnete DH-4A sind in den USA gebaut worden: 3 106 von Dayton-Wright, 1 600 von der Fisher Body Division der General Motors und 140 von der Standard Aircraft Corporation. Verträge für den Bau von weiteren 7 502 DH-4A wurden nach dem Waffenstillstand annulliert. Nur etwa 30% der Flugzeuge aus Amerika erreichten Frankreich vor Abschluss der Feindseligkeiten. 13 Staffeln der AEF und 4 Staffeln der US-Naval Northern Bombing Group setzten ab August 1918 D.H.4 ein. Die Amerikaner waren nicht sehr zufrieden mit diesem Flugzeug. Als es eingesetzt werden konnte, war es bereits halb veraltet und musste in beträchtlichem Umfang überarbeitet und umkonstruiert werden, um an die amerikanischen Herstellungsmethoden angepasst zu werden, Die verbesserte DH-4B war zu spät fertig (Oktober 1918), um die DH-4A in Frankreich abzulösen; doch wurde in den Jahren nach 1920 ein beträchtliches Bau- und Umbauprogramm für DH-4A verwirklicht. Dadurch blieben die Typen DH-4B, DH-4M und andere Varianten bis 1932 in Dienst. Während und nach Krieg sind 283 DH-4A an die US-Navy und an das Marine Corps abgegeben worden. In Amerika gebaute DH-4A hatten zwei vordere Marlin- oder Browning-MGs und zwei Lewis-MGs im hinteren Sitz. Die grösste Bombenzuladung betrug 151 kg.

45 **Airco D.H.9 und D.H.9A**
Die D.H.9 verdankt ihre Entstehung dem 1917 gefassten Beschluss, die Zahl der Staffeln des RFC mehr als zu verdoppeln. Die neuen Staffeln waren dazu vorgesehen, Deutschland am Tage zu bombardieren. Die D.H.9 war im Grunde eine gute Konstruktion und angenehm zu fliegen. Schwierigkeiten mit den verwendeten Motoren, alles Versionen des B.H.P., beein-

trächtigten aber ihre Verwendbarkeit. Die Flugleistungen waren schlechter als bei der D.H.4, die sie ersetzen sollte. Im November 1917 wurde der Prototyp (A7559), eine umgebaute D.H.4, gleichzeitig mit dem ersten Serienmuster geprüft. Der Prototyp flog dabei ohne Bewaffnung und war mit einem 230 PS Galloway Adriatic-Motor ausgerüstet. Das erste Serienflugzeug dagegen hatte die volle militärische Zuladung und einen 230 PS Siddeley Puma-Motor mit einer Verkleidung, die die Zylinderköpfe frei liess. Im Herbst 1917 wurden Lieferverträge über 900 D.H.4 in solche für D.H.9 abgeändert, und in der Folge wurde der Grosserienbau des neuen Bombers angeordnet. Ende 1918 waren 3 204 D.H.9 fertiggestellt; die gesamte Produktion erreichte schliesslich über 4 000. 15 britische Firmen waren an diesem Programm beteiligt.

Die meisten D.H.9 hatten Siddeley Puma-Motoren, eine kleine Serie bei Short gebauter Flugzeuge waren mit dem 260 PS Fiat A-12 ausgerüstet. Die Bewaffnung bestand aus einem vorderen Vickers-MG mit Constantinesco-Synchronisiergetriebe und einem Lewis-MG auf Scarff-Lafette im hinteren Sitz. Kamera- und Funkausrüstung waren ebenfalls vorhanden. Die D.H.9 konnte die gesamte Bombenlast im Rumpf mitführen, was aber selten geschah. Sie bestand aus zwei 104 kg- oder vier 51 kg-Bomben. Meistens wurden die Bomben von Aufhängevorrichtungen unter Flügeln oder Rumpf abgeworfen.

Als erste Staffel wurde Nr. 103 auf D.H.9 umgerüstet. Sie erhielt ihre ersten Flugzeuge im Dezember 1917. Die ersten Kriegseinsätze mit D.H.9 in Frankreich erfolgten aber erst im März 1918 durch die Squadron 6. Während der nächsten Monate nahm die Zahl der mit diesen Flugzeugen ausgerüsteten Squadrons an der Westfront rasch zu und sie wurden sofort hart beansprucht. Ihr Erfolg wurde aber ausser durch die mittelmässigen Flugleistungen noch durch häufige Triebwerksausfälle beeinträchtigt. Dies führte sogar oft zum Abbruch einer begonnenen Mission. Dass die D.H.9 trotzdem so viel erreichte, ist mehr der Beharrlichkeit und Initiative seiner Wartungsmannschaften und Piloten zuzuschreiben als dem Flugzeug selber. Immerhin muss der D.H.9 zugestanden werden, dass sie ohne Bombenlast ein ganz gutes Jagdflugzeug war. In dieser Beziehung war sie auch der D.H.4 überlegen, hauptsächlich weil Pilot- und Beobachtersitz jetzt näher beisammen lagen, was die Zusammenarbeit erleichterte. Bereits im November 1917 verlangte Trenchard, dass der Bau der D.H.9 gestoppt werde. Seine Forderung kam jedoch zu spät, da die Produktion schon weit fortgeschritten war. Man stand vor der Wahl, entweder D.H.9 oder gar keine Flugzeuge zu haben. Schliesslich waren 12 Staffeln von RFC/RAF in Frankreich und weitere auf den Kriegsschauplätzen im Mittelmeer, Mittleren Osten und in Russland damit ausgerüstet. Sie blieben bis zum Waffenstillstand im Einsatz. 1917/18 wurden D.H.9 verschiedentlich als Versuchsflugzeuge verwendet. Einige flogen mit dem 430 PS Napier Lion und der hochverdichteten Version des Puma von 290 PS sowie weiteren Motoren. Anderen Versuche galten den Gebieten Motorregulierung, Kühlung, Treibstoffsysteme, Auspuffanordnung und Fallschirmanwendung. Mindestens ein Flugzeug wurde auch für Decklandungsversuche verwendet. 1918 wurden zwei D.H.9-Zellen ohne Motor an die USA geliefert, wo ein grosses Herstellungsprogramm unter Verwendung des 400 PS Liberty 12-Motors geplant wurde. Tatsächlich sind dann nur vier USD-9 fertiggestellt worden, da die restliche Bestellung von 14 000 Flugzeugen nach dem Waffenstillstand gestrichen wurde. 1918 wurden 18 D.H.9 an die belgische Aviation Militaire geliefert. Nach dem Krieg verblieb eine kleine Anzahl D.H.9 bei der RAF in Dienst. Mindestens eine Maschine wurde als Sanitätsflugzeug umgebaut. Neun in Holland internierte Flugzeuge dieses Typs wurden ebenfalls an die RAF zurückgegeben. Umfangreiche Verkäufe von D.H.9 wurden nach fast zwanzig Ländern in Europa, Südamerika und im Fernen Osten getätigt. Anfang 1920 baute SABCA in Belgien 30 Flugzeuge; mehrere hundert wurden etwas später in Spanien hergestellt und mit 300 PS Hispano Suiza-Motoren ausgerüstet. Auch als Zivilversion spielte die D.H.9 eine bedeutende Rolle als Post- und Passagierflugzeug. Eine D.H. 9 wurde mit der Registrierung G-EAAA das erste Flugzeug des neuen britischen Zivilregisters.

Der Beweis, dass die Flugzeugzelle der D.H.9 gut war, wurde durch die D.H.9A erbracht. Dies war eine verfeinerte Version der D.H.9 mit einem zuverlässigen Motor. Nachdem das Flugzeug C6122 mit einem 400 PS Liberty 12 ausgerüstet worden war, wurden 1917 3 000 Liberty-Motoren in den USA bestellt. Davon erreichten Anfang 1918 zwar nur 1 050 Grossbritannien, doch genügte dies, um die 885 warend des Krieges gebauten D.H.9A damit auszurüsten. Die D.H.9A hatte Flügel grösserer Fläche, um das höhere Gewicht des grösseren Motors auszugleichen. Der Rumpf war ebenfalls umkonstruiert worden. Der Motor war vollständig verkleidet und hatte einen Frontkühler. Bewaffnung und Bombenlast waren gleich wie bei der D.H.9 Die ersten D.H.9A wurden im Juni 1918 an Squadron 110 geliefert, welche in Frankreich allerdings erst Ende August einsatzbereit war. Beim Waffenstillstand hatten vier Staffeln in Frankreich D.H.9A; zwei davon hatten ihre Flugzeuge allerdings erst im November erhalten. Daher wurde dieser Typ nicht mehr viel für Kriegseinsätze verwendet. Zwei Staffeln an der russischen Front hatten ebenfalls D.H.9A. Nach Kriegsende wurde der Typ weiterhin in grosser Zahl hergestellt. Beinahe 2 500 Flugzeuge sind durch 12 britische Firmen gebaut worden, die meisten von de Havilland und Westland. Die RAF verwendete D.H.9A bis 1931 in England, im Mittleren Osten und in Indien als Mehrzweckflugzeuge, in der letzten Zeit allerdings nur noch als Schulflugzeuge.

46 Amstrong Whitworth F.K.3 und F.K.8.

Die F.K.3 wurde von Frederick Koolhoven als einfachere Alternative zur B.E.2c als Aufklärer und Bomber vorgeschlagen. Sie wurde im Spätsommer 1915 entwickelt und vom Kriegsministerium für die Herstellung in grossem Umfang freigegben. Bei der Serienversion sass der Beobachter im Gegensatz zum Prototyp im hinteren Cockpit, welches mit einem MG auf Drehzapfen versehen war. Aus diesem Grunde sowie durch ihre Geschwindigkeit und Gipfelhöhe war die F.K.3 zweifellos besser als die B.E.2c, obwohl ihre Bombenzuladung kleiner war und sie eine schlechtere Steigfähigkeit zeigte. In ihren Flugeigenschaften war sie der B.E.-Maschine deutlich überlegen. 499 F.K.3 wurden gebaut, davon 400 durch Hewlett & Blondeau, der Rest durch Armstrong Whitworth selbst. Als einzige Staffel verwendete Nr. 47 in Mazedonien die F.K.3 im Kriegseinsatz. Ab September 1917 bis Anfang 1918 wurde sie dort hauptsächlich als Aufklärer, zeitweise auch als leichter Bomber verwendet. Als Bomber musste das Flugzeug als Einsitzer geflogen werden, damit 51 kg Bomben mitgeführt werden konnten. Standardtriebwerk der F.K.3 war der 90 PS RAF 1a V-Motor. Die meisten F.K.3 wurden als Schulflugzeuge bei verschiedenen Schuleinheiten in Grossbritannien und Aegypten verwendet, sie waren dafür auch sehr geeignet.

Die F.K.8 war eine vergrösserte Ausgabe der F.K.3 Sie absolvierte im Mai 1916 ihren Erstflug und wurde gegen Jahresende an Einheiten des RFC geliefert. Als erste einsatzbereite Einheit gelangte Squadron 35 mit diesen Flugzeugen im Januar 1917 nach Frankreich. Die Squadrons 2, 8, 10 und 82 wurden ebenfalls mit F.K.8 ausgerüstet. Die Staffeln 17 und 47 in Mazedonien und die Squadron 142 in Palästina waren teilweise mit F.K.8 ausgerüstet. In England verwendete neben verschiedenen Schuleinheiten auch die Squadron 50 der Heimatverteidigung diesen Typ. Die F.K.8 war gleichzeitig mit der R.E.8 im Einsatz, sie wurde allgemein als das bessere der beiden Flugzeuge angesehen. Anfangs war sie mit 120 PS Beardmore-Motor ausgerüstet, doch wurde bald der 160 PS Motor der gleichen Fabrik als Standardmotor verwendet. Die „Big Ack", wie die F.K.8 genannt wurde (die F.K.3 hiess „Little Ack"), war mit einem synchronisierten Vickers-MG für den Piloten und einem Lewis-MG auf Scarff-Lafette im hinteren Sitz bewaffnet. Sie konnte 72,6 kg Bombenlast mitführen. Die F.K.8 war sehr robust gebaut und gut bewaffnet. Die Besatzungen schätzten das Flugzeug sehr. Sie wurde 1917/18 häuftig für Aufklärung, Überwachung, Tag- und Nachtbombardierungen und für Erdangriffe eingesetzt. Das abgebildete Flugzeug wurde am 27. März 1918 von acht Fokker Dr.I angegriffen. Benzintank und hinterer Sitz fingen Feuer, als das Flugzeug noch voll mit Bomben und Munition beladen war. Obwohl beide Insassen schwer verwundet waren, gelang es ihnen, vier der Fokker abzuschiessen, be-

vor der Pilot McLeod die F.K.8 im Niemandsland landete. Für diese Tat erhielt er das wohlverdiente Victoria Cross.
Es sind Aufträge für 650 F.K.8 von Armstrong Whitworth und 900 von Angus Sanderson & Co. bekannt. Von den letzteren sind aber vermutlich über hundert nicht mehr fertiggestellt worden, da die Produktion im Juli 1918 eingestellt wurde. Am 31. Oktober 1918 waren 694 F.K.8 bei der RAF. Über 40% dieser Flugzeuge waren aber eingelagert und weniger als 200 in Frankreich im Einsatz. Die F.K. 8 überdauerte den Krieg nicht lange. Nur wenige Flugzeuge erschienen im Zivilregister, einige kamen nach Australien. 1917/1918 wurden versuchsweise 150 PS Lorraine-Dietrich, 150 PS RAF 4a und 200 PS RAF 4d-Motoren in F.K.8 eingebaut.

47 **Salmson 2**

Die Société des Moteurs Salmson war, wie ihr Name anzeigt, in erster Linie zur Herstellung von Flugmotoren gegründet worden. Sie hatte vor allem den wassergekühlten 9-Zylinder Sternmotor von Canton-Unné in grosser Zahl hergestellt. Dieser Motor wurde für eine Reihe von französischen, britischen und russischen Flugzeugen in der ersten Hälfte des Ersten Weltkrieges verwendet. Das erste von dieser Firma gebaute Flugzeug, die Salmson-Moineau SM-1, war kein Erfolg. Anfang 1917 wurde die Salmson D, ein zweisitziger Doppeldecker mit 130 PS Clerget-Rotationsmotor hergestellt. Sie ging aber ebenfalls nicht in Serie. Die Variante dieses Flugzeuges mit Canton-Unné-Motor wurde als Salmson 2 eines der bedeutenderen französischen Flugzeuge der letzten Kriegsjahre.
Die Salmson 2 war als „schwerer" Aufklärer gebaut und wies keine besonderen Merkmale auf, ausser dass sie weder Seiten-noch Höhenleitwerksflossen besass. Höhen- und Seitenruder waren im Ganzen verstellbar. Das Flugzeug war elegant gebaut, der Rumpf hatte einen abgerundeten Querschnitt und der Sternmotor wies eine stark gerippte Verkleidung auf. Die Flügel gleicher Spannweite hatten doppelte Querruder.
Die Salmson 2 wurde ab Ende 1917 in Serie gebaut und Anfang 1918 von der Aviation Militaire in Dienst gestellt. Die militärische Bezeichnung lautete Salmson 2A.2. Es wurden 3 200 Salmson 2 gebaut; sie wurden von 22 französischen Staffeln an der Westfront und von 2 in Italien verwendet. Die AEF kaufte 705 Salmson zur Überbrückung, bis die DH-4A „Liberty-plane" geliefert werden konnte. Während der letzten Kriegsmonate wurde die Salmson 2 von 11 Staffeln der AEF verwendet. Zu den Hauptaufgaben der Salmson 2 gehörte Sicht- und Fotoaufklärung; das Flugzeug besass im hinteren Cockpitboden eine Klapptüre zum Richten der Kamera. Es konnte zwei Dutzend kleine Splitterbomben für Erdangriffe mitführen. Gelegentlich wurde dieser Typ auch für leichte Tagbombenangriffe eingesetzt. Die vordere Bewaffnung bestand aus einem über der Motorverkleidung leicht nach links versetzt montierten synchronisierten Vickers-MG. Einige

amerikanische Flugzeuge wurden später mit einem Marlin-MG ausgerüstet. Die Scarff-Ringlafette im hinteren Sitz konnte ein oder zwei Lewis-MGs für den Beobachter aufnehmen. Wie bei der D.H.4, war auch bei der Salmson 2 die grosse Distanz zwischen den Sitzen ein Nachteil, denn dadurch wurde die Zusammenarbeit der Besatzung im Einsatz erschwert. Die Salmson 2 zeigte zwar keine aussergewöhnlichen Flugleistungen, war aber robust gebaut und besass einen zuverlässigen Motor. Die Zelle konnte beträchtliche Gefechtsschäden hinnehmen. Lt. W. P. Erwin von der 1. Aero Squadron der AEF zerstörte 8 feindliche Flugzeuge; er verwendete dazu nur das vordere MG seiner Salmson 2. Die Salmson 2 war nicht sehr schnell, hatte aber eine gute Steigleistung, konnte sie doch 5 000 m Höhe in 27 1/2 Minuten erreichen.

48 **Spad XI**

Der erste Zweisitzer von Louis Béchereau, dem Schöpfer der Spad-Flugzeuge, war die Spad VIII, die allerdings nie über das Entwurfsstadium hinaus gedieh. Die Weiterentwicklung führte jedoch schliesslich zur Spad XI, welche im September 1916 erschien. Äusserlich glich sie dem Spad VII-Einsitzer, mit Ausnahme des leicht gestaffelten, zweistieligen, leicht gepfeilten Tragwerks, um den längeren Rumpf mit seinem zusätzlichen Sitz auszugleichen. Die Spad XIA.2 wurde 1917 in Dienst gestellt, die ersten Maschinen waren aber durch Schwierigkeiten am Reduktionsgetriebe des 235 PS Hispano-Suiza Motors behindert. Die Bewaffnung bestand aus einem nach rechts versetzten, synchronisierten Vickers-MG für den Piloten und einem oder zwei Lewis-MGs auf einer Ring-Lafette im hinteren Sitz. Etwa 70 kg Bomben konnten unter den Flügeln mitgeführt werden. Zwar reagierte die Spad XI sehr feinfühlig auf Steuerausschläge, aber sie war auch sehr empfindlich gegen Anderungen der Lastverteilung, die durch Munition, Fotofackeln oder Bomben entstehen konnten. Daher stand sie im Ruf schlechter Steuerbarkeit. Auch ihre Steigfähigkeit war beeinträchtigt, da bei steiler Fluglage der Motor versagte. Ohne militärische Zuladung stieg die Spad XI in 17 1/2 Minuten auf 4 000 m. Mindestens ein Flugzeug wurde mit einem 220 PS Renault-Motor ohne Getriebe ausgerüstet; der Hispano blieb aber das Standardtriebwerk. Trotz ihrer Nachteile diente die Spad XI 1917 und Anfang 1918 bei mindestens 15 Staffeln der französischen Aviation Militaire und bei 3 belgischen Staffeln. In Belgien wurden die Spad bis zum Waffenstillstand verwendet.

Im Januar 1918 erschien eine neue Version, die Spad XVIA.2. Sie wurde von einem 235 PS Lorraine-Dietrich 8 Fb direkt angetrieben. Die Spad XVI war schneller, hatte aber eine kleinere Gipfelhöhe als die Spad XI und war kein wesentlicher Fortschritt. Nach ihrer Indienststellung verkaufte jedoch die französische Regierung 35 überzählige Spad XI an die AEF. Zwei ihrer Staffeln verwendeten diese Flugzeuge während des Sommers 1918. Die AEF kaufte auch 6 Spad XVI; ein weiteres Flugzeug dieses Typs wurde 1918 an Belgien geliefert. Eine spätere Version der Spad XVI hatte vorne und hinten je zwei MGs und einen 250 PS Lorraine-Dietrich 8 Bb-Motor. Im März 1918 ereignete sich in den Herstellerwerken eine Explosion, wodurch die Produktion stark beeinträchtigt wurde. Im Juli waren alle zweisitzigen Spads französischer Einheiten aus dem Fronteinsatz zurückgezogen.

49 **Breguet 14**
Louis Breguet begann die Konstruktion seines Typs XIV Mitte 1916 und flog den Prototyp selbst am 21. November in Villacoublay. Es handelte sich um einen grossen, vielversprechend aussehenden Zweisitzer mit 220 PS Renault-Motor, grossem Frontkühler und einer mit vielen Lüftungsschlitzen versehenen Motorverkleidung. Die Konstruktion war weiter gekennzeichnet durch die Verwendung von Duraluminium. Im März/April 1917 wurden von der ersten Version, dem Aufklärer Br. 14A2 580 Flugzeuge bestellt. Zu dieser Zeit war auch der Prototyp des Bombers Br. 14B.2 geliefert worden. Von diesem Zeitpunkt an stieg die Produktion der Breguet 14 ständig: Ende 1917 waren mehr als 2 000 Flugzeuge bei sechs französischen Herstellern bestellt. Ungefähr 5 500 sind während des Krieges bestellt worden, und bis zur Einstellung der Produktion 1926 wurden über 8 000 Flugzeuge gebaut.
Die B.2 unterschied sich von der A.2 durch Seitenfenster am Beobachtersitz und durch die Querruder an den unteren Flügeln, welche sich über die ganze Spannweite erstreckten. Die Michelin-Bombenaufhängevorrichtung ragte über die Flügelvorderkante hinaus. Beide Versionen wurden im Sommer 1917 in Dienst gestellt und hatten ähnliche Bewaffnung: ein einzelnes vorderes Vickers-MG für den Piloten und ein Lewis Doppel-MG auf Ringlafette für den Beobachter. Einige A.2 hatten statt des vorderen MGs ein Lewis-MG auf der oberen Tragfläche montiert. Bei der B.2 konnte ein zusätzliches, nach unten gerichtetes Lewis-MG montiert werden, um das Flugzeug in dieser Richtung besser verteidigen zu können. Die Br. 14B.2 konnte bis zu 32 8 kg-Bomben mitführen. Auch die A.2 konnte nötigenfalls vier kleine Bomben tragen.
Breguet 14 wurden von 71 französischen Staffeln an der Westfront (darunter 17 Escadrilles de Bombardement) eingesetzt. 5 Staffeln in Serbien, 3 in Griechenland, 6 in Marokko und 8 in Mazedonien waren ebenfalls mit Breguet 14 ausgerüstet. Auch zwei belgische Staffeln und einige Staffeln der AEF verwendeten diesen Typ. An die AEF wurden 1918 229 Br. 14A.2, 47 Br.14B.2 und 100 unbewaffnete Br.14E.2-Schulflugzeuge geliefert. Wie die gebauten Stückzahlen zeigen, wurde die Breguet 14 im letzten Kriegsjahr sehr viel als Tag- und Nachtbomber eingesetzt. Verschiedene andere Motoren wurden versuchsweise eingebaut, darunter verbesserte Versionen des Renault (einer davon mit Turbolader), Fiat A-12bis, Lor-

raine-Dietrich und Liberty 12. Varianten des Flugzeuges waren das erfolglose Schwimmerflugzeug Br.14H und das Ambulanzflugzeug Br.14S, welches 1918 erst in kleiner Zahl, aber Mitte der 20er Jahre sehr häufig verwendet wurde. Die Br.16Bn.2 war eine vergrösserte Weiterentwicklung als Nachtbomber; es wurden davon einige gebaut. Ebenfalls in Serie, aber zu spät für den Kriegseinsatz, wurde die Br.17C.2 gebaut. Es handelte sich um eine zweisitzige Version für Begleitschutzaufgaben mit 400 PS Renault 12K-Motor und zwei nach vorne schiessenden Vickers-MGs.

Die Breguet 14 wurde nach dem Krieg noch lange und zu verschiedenen Zwecken verwendet. Die zweifache Überquerung des Mittelmeeres im Januar 1919 durch Roget und Coli war der Beginn einer Serie von Langstreckenflügen. Breguet 14 wurden als Post- und Passagierflugzeuge verwendet. Neben der französischen Aviation Militaire, die ihre Breguet 14 noch lange nach dem Krieg verwendete, wurde sie auch an fast ein Dutzend Luftwaffen in Europa, Südamerika und im Fernen Osten geliefert.

50 **Short 184 und Short Bomber**

Am 28 Juli 1914 wurde erstmals ein Torpedo mit Erfolg von einem britischen Flugzeug – einem 160 PS Short Wasserflugzeug – abgeworfen. Kurz darauf beauftragte die Admiralität Short Bros. mit der Entwicklung eines Flugzeuges speziell für diese Aufgabe. Der daraufhin gebaute Prototyp erhielt die Seriennummer 184, die dann auch als offizielle Bezeichnung übernommen wurde. Der Antrieb erfolgte durch einen 225 PS Sunbeam Mohawkmotor, was zur Folge hatte, dass das Flugzeug oft falsch als „Short 225" bezeichnet wurde, selbst dann noch, als später gebaute Flugzeuge mit Motoren grösserer Leistung versehen waren. Der Prototyp wurde Anfang 1915 fertiggestellt. Das dreistielige Tragwerk war zurückklappbar und der Torpedo vom Kaliber 35,56 cm hing zwischen den beiden Schwimmern. Der zweite Prototyp, 185, wurde kurz darauf fertiggestellt, und beide Flugzeuge wurden ab Juni 1915 vom Wasserflugzeugträger **Ben-My-Chree** in den Dardanellen eingesetzt. Am 12. August 1915 gelang es einem dieser Flugzeuge – geflogen von Flt. Commander C.H.K. Edmonds – zum ersten Mal, ein Schiff (ein türkisches Handelsschiff) durch einen aus der Luft abgeworfenen Torpedo zu versenken.

Die Short 184 war keines der spektakulären Flugzeuge des Ersten Weltkrieges. Wenn sie mit dem schweren Torpedo beladen war, konnte sie nur bei völlig ruhiger See starten und war sehr schwierig zu fliegen. Schliesslich wurde der Torpedoeinsatz zu Gunsten von Aufklärung, U-Bootabwehr und Bombenangriffen aufgegeben. Trotzdem wurde die Short 184 ab Mitte 1915 bis zum Kriegsende praktisch auf allen Kriegsschauplätzen verwendet; überall leistete sie gute und nützliche Arbeit. Etwa 900 Short 184 wurden von Short und 9 anderen Werken hergestellt; 312 waren am 31. Oktober 1918 noch im Dienst. Zu dieser Zeit waren fast alle mit Sunbeam Maori I, II- oder III-Motoren ausgerüstet. In den ersten Serien war der 225 PS Mohawk das Standardtriebwerk. In kleinerer Zahl wurden auch 240 PS Sunbeam Gurkha, 240 PS Renault und 250 PS Rolls-Royce Eagle-Motoren eingebaut. Short 184 wurden von Küstenstationen in England und von Wasserflugzeugträgern der Royal Navy in der Nordsee, im Mittelmeer und im Fernen Osten eingesetzt. Eine der beiden Short 184 der H.M.S. **Engadine** führte während der Seeschlacht am Skagerrak am 31. Mai 1916 den einzigen Erkundungsflug durch. Der Typ A mit Mohawk-Motor konnte normalerweise vier 45 kg-Bomben tragen. Der Typ D, welcher 1917 erschien, wurde vom hinteren Sitz aus als Einsitzer geflogen und war daher in der Lage, statt des Beobachters bis zu neun 29,5 kg-Bomben mitzuführen. Der Typ B, der zuerst von Mann, Egerton, gebaut worden war, hatte untere Flügel mit kürzerer Spannweite. Verspannung der oberen Aussenflügel mit Spanntürmen und verstärkte Streben der Schwimmer. Eine als „Verbesserte 184" bekannte Version hatte abgeänderte Querrudersteuerung. Die Short 184 waren mit einem einzigen Lewis-MG im hinteren Sitz bewaffnet; anfangs war es auf einer Whitehouse- später auf einer Scarff-Ringlafette montiert. Während des Krieges wurden 2 Short 184 an die französischen Behörden zur Erprobung geliefert. Ende 1917 und Anfang 1918 wurden zwei Prototypen eines möglichen Nachfolgemusters, Short N.2B, fertiggestellt. Diese Flugzeuge, mit Maori-Motoren ausgerüstet, wurden jedoch nicht in Serie hergestellt, und die Short 184 wurde bis zum Kriegsende eingesetzt. Auch nach dem Krieg wurde sie verwendet und zwar als Minensuchflugzeug in britischen Gewässern. Einige wenige wurden für Rundflüge zivil eingesetzt, andere wurden nach Chile, Estland, Griechenland und Japan verkauft. Einige der ins Ausland verkauften Flugzeuge wurden erst Anfang der 30er Jahre ausser Dienst gestellt. Als Ergebnis eines Wettbewerbs für den Bau eines Bombers stellte Short 1915 eine Landflugzeug-Version der 184 her (Prototyp-Bezeichnung 3706). Dieses Flugzeug hatte ebenfalls einen Mohawk-Motor, ein zweistieliges Tragwerk mit Oberflügeln konstanter Tiefe und ein recht plumpes 4-Radfahrwerk. Der Beobachter sass im vorderen Cockpit. 83 Short-Bomber (sie erhielten nie eine offizielle Bezeichnung) wurden von Short und vier weiteren Herstellern gebaut. Die ersten dieser Flugzeuge wurden wie die 184 mit kurzem Rumpf gebaut, später wurde dieser aber stark verlängert. Die Serienflugzeuge hatten ein dreistieliges Tragwerk, und der Beobachter sass, wie es sich bewährt hatte, im hinteren Cockpit. Er war mit einem Lewis-MG bewaffnet. Der 250 PS Rolls-Royce Eagle-Motor war der Standardmotor. Nur die 15 von Sunbeam gebauten Flugzeuge hatten den 225 PS Mohawk eingebaut. Eine typische Bombenzuladung bestand aus vier 104 kg- oder acht 51 kg-Bomben, welche an den unteren Flügeln aufgehängt waren. Die Auslieferung begann im Frühjahr 1916 an Wing 3 des RNAS. Diese Einheit war aber mit ihren Short-Bombern erst im Oktober einsatzbereit, weil sie auf dringendes Ersuchen des RFC 15 Short-Bomber abgeben musste. Diese Bomber wurden zur Vorbereitung der Sommeschlacht benötigt. Die dem RNAS verbleibenden Flugzeuge wurden bis April 1917 eingesetzt und dann durch Handley Page 0/100 ersetzt.

51 Letord-Typen 1 bis 9

Die Letord Typ 1 entstand 1916 auf Anforderung von Lt. Col. Dorand, dem Direktor der Section Technique de l'Aéronautique in Chalais-Meudon, für ein zweimotoriges, dreisitziges Flugzeug, das den Aufklärer Caudron R.4 ersetzen sollte. Obwohl die Konstruktion vom Chefkonstrukteur der S.T.Aé, Capitaine Georges Lepère, erfolgte, wurde die Serienproduktion den Etablissements Letord übertragen, einer 1908 zur Herstellung von Ballons und Luftschiffen gegründeten Firma, die Flugzeugwerke in Lyon-Villeurbane und in Chalais besass. Aus diesem Grundentwurf entstanden nicht weniger als sieben Flugzeugtypen, je drei Aufklärer und Nachtbomber und ein Begleitjäger. Alle hatten das charakteristische Merkmal der rückwärts gestaffelten Tragflächen mit unterschiedlichen oberen und unteren Spannweiten. Die meisten waren mit Varianten des Hispano-Suiza V8Triebwerks motorisiert. Alle hatten ein Vierrad-Fahrgestell; die Typen 1, 3 und 4 besassen zur Verhinderung eines Überschlages ein zusätzliches Rad unter dem Rumpfbug.

Als erste erschien die Aufklärerversion Let.1A. 3 mit zwei 150 PS Hispano-Suiza 8A-Motoren. Im Oktober 1916 wurden 175 bestellt, die Indienststellung begann 6 Monate später. Die Let.2A.3 erhielt normalerweise stärkere 200 PS Hispano-Suiza-8 Ba-Motoren, allerdings kamen bei einigen Maschinen auch 170 PS Lorraine-Dietrich 8A-Motoren zum Einbau, ebenfalls beim dritten Aufklärer-Modell, der Let.4A.3. Als erster Nachtbomber erschien 1917 die Let.3Bn. 3, die der 2A. 3 glich und ebenfalls mit Hispano-Suiza 8 Ba-Motoren ausgerüstet war, jedoch vierfach verstrebte Tragflächen mit gleicher Spannweite von 17,00 m, eine grössere Flügelfläche und ein Bugrad erhielt. Das Gesamtgewicht betrug 2 400 kg, die Höchstgeschwindigkeit war 150 km/h. Die Letord Typ 3 wurde auch in einer Begleitjäger-Version 3Ca. 3 gebaut und hatte dann Kanonenbewaffnung. Daraus entstand die Begleitversion Let.6Ca. 3 mit 220 PS Hispano-Suiza 8 Be-Motoren, die im Januar 1918 die Flugerprobung durchführte. Die zweiten und dritten Bomberversionen waren die Typen 5 und 7. 51 Typ 5 wurden gebaut. Sie hatten Tragflächen ungleicher Spannweite, zwei 220 PS Lorraine-Dietrich 8 Fb-Motoren und kein Bugrad. Die Normalbewaffnung bestand aus einzelnen Maschinengewehren auf beweglichen Lafetten im vorderen und hinteren Cockpit, die maximale Bombenzuladung betrug 200 kg. Einige Let 5Bn.3 besassen unter dem Rumpfbug ein zusätzliches MG, das nach hinten schoss.

Soweit bekannt, wurde nur eine Maschine Letord Typ 7 gebaut. Sie flog erstmals 1918. Sie wurde aus dem Typ 3 entwickelt und hatte eine grössere Spannweite von 19,00 m. Die zwei 275 PS Lorraine-Motoren waren auf der unteren Tragfläche montiert. Das Gesamtgewicht war 2 860 kg, die Höchstgeschwindigkeit betrug 143 km/h. Mindestens 8 Escadrilles der französischen Aviation Militaire waren mit dem einen oder anderen Letord-Typ ausgerüstet. Einige waren auch bei Dorand- oder Caudron-Staffeln eingesetzt. Kurz vor dem Waffenstillstand wurde der letzte Typ der Kriegsjahre, die Letord Typ 9, fertiggestellt. Sie unterschied sich vollständig von den vorangegangenen Entwürfen, war viel grösser als die von Lepère entworfenen Typen 1 bis 7, hatte nicht gestaffelte Tragflächen von 25,94 m Spannweite und 135,00 m^2 Flügelfläche, ein doppeltes Höhenleitwerk und 2 Mann Besatzung. Die Motorisierung bestand aus zwei 400 PS Liberty 12-Triebwerken, das Gesamtfluggewicht betruf 5 521 kg, die Höchstgeschwindigkeit 145 km/h. Sie kam jedoch für jeden Kampfeinsatz zu spät.

52 **Caudron R.4 und R.11**

Verglichen mit den zerbrechlich aussehenden Voisin- und Farman-Bombern, welche Frankreich zu dieser Zeit verwendete, machte der Prototyp Caudron R.4 bei seinem ersten Erscheinen im Juni 1915 einen recht soliden und modernen Eindruck. Der Buchstabe der Bezeichnung lässt erkennen, dass dieser dreisitzige Bomber von René Caudron entworfen worden war. Die R.4 war zwar von der G.VI von Gaston Caudron abgeleitet, aber eigentlich eine völlige Neukonstruktion mit einem einzelnen, verkleideten Rumpf, einfachem Leitwerk. und zwei 130 PS Renault Motoren in der Mitte des dreistieligen Tragwerks. Das Fahrwerk bestand aus je einem Räderpaar unter jeder Motorgondel und einem fünften Rad unter der Rumpfnase, um ein Überschlagen bei der Landung zu verhindern. Der Pilot sass im mittleren der drei Sitze und hatte vor und hinter sich je einen Schützen, welcher über ein oder zwei Lewis-MGs in Ringlafette verfügte. Die R.4 war für eine Bombenlast von 100 kg ausgelegt worden. Bei voller Beladung war sie jedoch deutlich untermotorisiert und ihre Leistungen waren daher für einen erfolgreichen Einsatz ungenügend. Als dreisitziges Aufklärungsflugzeug (R.4A.3) leistete der Typ der Aviation Militaire jedoch ab Frühjahr 1916 bis April 1917 ausgezeichnete Dienste, vor allem als Fotoaufklärer. Danach wurde die R.4 durch die Letord Typ 1 abgelöst. Dies war ein der R.4 ähnlicher, zweimotoriger Doppeldecker, dessen Leistungen aber bedeutend besser waren.

Um die R.4 als Bomber zu ersetzen, entwickelte René Caudron die R.11, die im März 1917 erschien. Dies war ein kleineres und leichteres Flugzeug mit zweistieligem Tragwerk kleinerer Spannweite, vergrössertem Leitwerk und stärkeren Motoren. Zuerst wurden 200 PS Hispano-Suiza 8 Bda verwendet, doch sobald 215 PS Hispano erhältlich waren, baute man diese ein. Einige Maschinen wurden mit 235 PS Hispano-Suiza 8 Beb-Motoren

ausgerüstet, doch nicht unbedingt zu ihrem Vorteil. Ursprünglich war die R.11 als Aufklärer gebaut worden, sie wurde jedoch als dreisitziger Nachtbomber der Klasse Bn. 3 eingesetzt (Bombardement de nuit, dreisitzig) und konnte dabei 120 kg Last tragen. Die Nachtbomber R.11 wurden im Frühjahr 1918 in Dienst gestellt, und obwohl ihre Leistungen bedeutend besser waren als die der R.4, war die Grundkonstruktion jetzt beinahe 3 Jahre alt und die Bomenzuladung für diese Zeit zu klein. Die R.11 fand im Juli 1918 eine angemessene Aufgabe, als sie in der Form R.11A.3 für den Begleitschutz der Breguet 14-Bomber verwendet wurde. Wahrscheinlich wurde zu dieser Zeit ein fünftes MG als Defensivwaffe eingebaut. Im vorderen und hinteren Sitz waren je zwei Lewis-MGs montiert, das fünfte war unterhalb des vorderen Sitzes eingebaut und wurde vom Schützen zur Abwehr von Angriffen nach unten und hinten eingesetzt. Acht Staffeln der Aviation Militaire waren mit R.11A.3 ausgerüstet. Für die letzten vier Kriegsmonate begleiteten diese „fliegenden Kanonenboote" jeden Angriff französischer Bomberstaffeln gegen feindliche Zeile. Das RFC und der US Air Service erprobten je zwei R.11. Die Gesamtproduktion der R.11 betrug etwa 500 Maschinen.
Eine Variante, die oft mit der R.4 oder R.11 verwechselt wird, ist die 1918 erschienene Cau. 23Bn.2, ein vergrösserter, zweisitziger Nachtbomber mit vierstieligem Tragwerk. Dieser Typ wurde gleichzeitig mit der Breguet 16 und der Farman F.50 eingesetzt. Er war mit zwei 250 PS Salmson (Canton-Unné) 9Z-Motoren ausgerüstet und hatte einen viel eckigeren Rumpf und eine stumpfere Nase. Es liegen keine zuverlässigen Beweise dafür vor, dass dieses Flugzeug vor dem Waffenstillstand in Serie ging.

53 A.E.G. G-Typen

Die Reihe der von AEG 1915-18 gebauten zweimotorigen G-Typen unterschieden sich von anderen deutschen Grossflugzeugen durch die Zugpropelleranordnung. Das erste dieser Flugzeuge erschien Anfang 1915 noch vor Einführung der Grossflugzeugklasse und erhielt daher die Bezeichnung K.I (Kampfflugzeug). Die K.I. (später in G.I umbenannt) war ein mit zwei 100 PS Mercedes D.I-Motoren ausgerüsteter Dreisitzer. Es wurden nur wenige gebaut. Im Juli 1915 erschien die etwas grössere G.II mit 150 PS Benz Bz.III-Motoren, zwei oder drei MGs zur Abwehr und 200 kg Bombenzuladung. Auch von diesem Typ wurden relativ wenig Flugzeuge gebaut. Einige G.II hatten zwei kleine Hilfsseitenruder. Die G.I und die G.II wurden von „Schlachtstaffeln" und von normalen Bomberformationen eingesetzt. Im Frühsommer 1916 wurde die G.III in Dienst gestellt. Sie war Ende 1915 erschienen. Dieser Typ hatte stark vergrösserte Spannweite, überstehende, ausgeglichene Steuerflächen und zwei 220 PS Mercedes D.IV-Getriebemotoren. Die G.III war mit zwei Abwehr-MGs bewaffnet und konnte 300 kg Bomben mitführen. Auch von diesem Typ sind keine grossen Stückzahlen gebaut worden; im Oktober 1916 waren 20 G.III im Einsatz. Sie wurden an der Westfront und in

Mazedonien eingesetzt.
Der am zahlreichsten gebaute G-Typ war die G.IV, die Ende 1916 in Dienst gestellt wurde. Die Zelle entsprach weitgehend der G.III, doch wurde der zuverlässigere Mercedes D.IVa-Motor mit direktem Antrieb verwendet. Die Besatzung bestand aus drei bis vier Mann, die Bombenzuladung betrug etwa 350 kg. Je ein Parabellum-MG war im vorderen und hinteren Cockpit eingebaut. Da diese Flugzeuge weder die Reichweite noch die Tragfähigkeit der G-Typen von Gotha und Friedrichshafen hatten, wurden sie meist als taktische Tag- und Nachtbomber über verhältnismässig kurze Entfernungen bis 700 km eingesetzt. Mit Zusatztanks statt der Bomben wurden sie auch für Langstreckenaufklärung und Fotoeinsätze verwendet. Die AEG G.IV blieb in recht grosser Zahl bis zum Waffenstillstand im Einsatz und flog an der Westfront, in Italien, Rumänien und Mazedonien. Versuchsflugzeuge waren unter anderen die G.IVb mit dreistieligem Tragwerk vergrösserter Spannweite und die G.IVk mit einem doppelten Höhenleitwerk und Panzerung an Rumpfbug und Motorgondeln. In der Nase war eine 20 mm Becker-Kanone eingebaut.
Die letzte Serienversion war die G.V, welche im Mai 1918 erschien. Die Motore der G.IV wurden beibehalten, die Spannweite jedoch auf 27,24 m vergrössert. Die Bombenlast betrug 600 kg und die maximale Flugdauer 6 Stunden. Die G.V wurden zu spät gebaut, um noch im Krieg eingesetzt zu werden; einige wurden aber 1919 von der Deutschen Luft-Reederei als Verkehrsflugzeuge für 6 Passagiere verwendet. Fast alle diese Flugzeuge wurden mit nur geringfügigen Änderungen für den Passagierdienst verwendet, nur in einige Maschinen wurden Passagierkabinen eingebaut. Insgesamt wurden während des Krieges 542 Flugzeuge der G-Typen hergestellt, wobei die weitaus grösste Zahl (wahrscheinlich etwa 400) G.IV gewesen sind. Im August 1918 waren noch 50 G.IV im Einsatz.

54 Handley Page 0/100 und 0/400

Im Dezember 1914 entschloss sich die Luftfahrtabteilung der Admiralität zur Ausschreibung eines wirkungsvollen Bombenflugzeuges zur Bombardierung von Deutschland. Das Flugzeug sollte zweisitzig sein, eine Geschwindigkeit von mindestens 120 km/h erreichen und in der Lage sein, sechs 51 kg-Bomben zu tragen. Im März 1915 wurden 40 dieser Flugzeuge bestellt, und die erste Maschine (1455) flog erstmals am 18. Dezember 1915. Eigentlich war der Einbau von 120 PS Beardmore-Motoren vorgesehen, doch wurde der Prototyp mit zwei 250 PS Rolls-Royce Eagle II ausgerüstet. Diese Motoren wurden auch in 40 der 46 später von Handley Page gebauten 0/100 eingebaut. Die restlichen 6 hatten 320 PS Sunbeam Cossack-Motoren. Der Prototyp der 0/100 hatte eine geschlossene Kabine für die Besatzung, ihre Motorgondeln sowie das Rumpfvorderteil waren durch 544 kg schwere Panzerplatten geschützt. Diese Merkmale entfielen jedoch bei den Serienmaschinen. Damit die Handley Page-Bomber in den britischen

Standard-Feldhangars Platz hatten, liessen sich ihre Flügel nach hinten parallel zum Rumpf schwenken. Die 0/100 übertraf die ursprüngliche Ausschreibung, sie konnte im Rumpfinnern sechzehn 51 kg-Bomben oder acht 113 kg-Bomben mitführen. Das Flugzeug bot Platz für 4 Besatzungsmitglieder, hatte Abwehrstände mit einem oder zwei Lewis-MGs im Rumpfbug und auf der Rumpfoberseite. Ein weiteres MG war durch eine Klapptüre nach hinten unten gerichtet. Die 0/100 wurde im November 1916 von Wing 3 des RNAS an der Westfront in Dienst gestellt. Später wurden auch die Staffeln 14 und 16 des RNAS damit ausgerüstet. Einige 0/100 waren noch bei Kriegsende im Einsatz. In den ersten Monaten ihrer Verwendung in Frankreich wurden sie zur See-Überwachung vor der Küste Flanderns am Tage eingesetzt. Ab März/April 1917 konzentrierten sie sich jedoch auf die Bombardierung wichtiger deutscher Ziele wie U-Boot-Stützpunkte, Bahnhofsanlagen und Industriezentren. In Palästina wurden zwei 0/100 von den Streitkräften unter General Allenby und T.E. Lawrence im Feldzug gegen die Türkei eingesetzt. Eine andere, in Mudros im Aegäischen Meer stationierte 0/100 beteiligte sich an den Bombardierungen Konstantinopels und des deutschen Schlachtkreuzers *Goeben.* Dieses Flugzeug wurde auch von Flt. Lt. J. W. Alcock geflogen, dem Piloten des Transatlantikfluges mit der Vimy von 1919.

Die 0/100 wurde von der weitaus häufiger gebauten 0/400 abgelöst. Der Prototyp bestand aus der abgeänderten Zelle einer 0/100. Als Hauptunterschied hatte die 0/400 die Brennstofftanks im Rumpf statt in den Motorgondeln. Dadurch konnten diese viel kürzer gebaut werden. Immer stärkere Motoren der Typen Eagle IV, VII oder VIII wurden in den 0/400 verwendet, doch einige Flugzeuge wurden auch mit 260 PS Fiat A-12bis oder 275 PS Sunbeam-Maori-Motoren ausgerüstet. Ein Flugzeug flog mit vier 200 PS Hispano-Suiza-Motoren in Tandemanordnung, um die für die V/1500 vorgeschlagene Motoranordnung zu erproben. Während des Krieges wurden fast 800 0/400 bestellt, davon wurden etwa 550 in Grossbritannien gebaut. Dazu wurden noch 107 Maschinen aus Teilen, die in USA von der Standard Aircraft Corporation hergestellt worden waren, zusammengebaut und mit 350 PS Liberty 12 N-Motoren ausgerüstet. Weitere 8 von Standard gebaute 0/400 wurden noch nach dem Krieg für die US-Army fertiggestellt, der Rest des Auftrages von insgesamt 1 500 Flugzeugen wurde aber gestrichen. Die 0/400 wurde im April 1917, etwa gleichzeitig mit der Neuverwendung der 0/100 als Nachtbomber, in Frankreich als Tagbomber einsatzbereit. Ab Oktober wurde dann auch die 0/400 als Nachtbomber eingesetzt. Handley Page 0/400 dienten bei der Squadron 58 der RAF, den Staffeln 97 und 115 der Independent Force und bei den Squadrons 207, 214, 215 und 216 des RNAS. Am 31. Oktober 1918 war die RAF im Besitz von 258 0/400. Ein Flugzeug wurde von der Squadron 67 (Squadron 1 des Australian Flying Corps) in Palästina eingesetzt. In den letzten zwei

Kriegsmonaten verwendeten die 0/400 auch 748 kg schwere Bomben. Im Frühjahr 1918 wurden 2 Flugzeuge behelfsmässig in Verkehrsflugzeuge für 12 Passagiere umgewandelt und für den Rücktransport von Piloten verwendet, welche Flugzeuge nach Frankreich überführt hatten.
Die Handley Page 0/400 blieben bis 1920 bei der RAF in Dienst. 8 Flugzeuge waren dem Verbindungsgeschwader 1 zugeteilt und beförderten von Januar bis September 1919 hochgestellte Persönlichkeiten der Pariser Friedenskonferenz zwischen Paris und London. 4 umgebaute 0/400 wurden 1919/20 von der Handley Page Transport Ltd. dazu verwendet, Übersee-Flugrouten zu erproben, die später von Imperial Airways beflogen wurden. Die 0/400 wurde zum Transportflugzeug 0/700 weiterentwickelt. Zehn oder zwölf dieser Flugzeuge wurden Ende 1919 an China, zwei oder drei nach Südafrika geliefert. Aus der 0/700 wurden dann noch die Transportflugzeuge 0/10 und 0/11 entwickelt. Acht 0/10 und fünf 0/11 wurden gebaut.

55 Handley Page V/1500

Die V/1500 kam für den Krieg zu spät und war für den Frieden zu gross. Das Flugzeug hat aber aus verschiedenen Gründen einen Platz in der Fluggeschichte. Es was der erste viermotorige britische Bomber, der in Serie gebaut wurde. Zudem war er das grösste von 1914-19 gebaute britische Flugzeug und der erste echte strategische Bomber des Landes. Er war nach einer Vorschrift des Luftfahrtministeriums gebaut worden, welche 970 km Kampfradius verlangte. Dies erlaubte, Berlin von der Ostküste Englands aus zu bombardieren. Der Entwurf wurde im Oktober 1917 in Angriff genommen, der erste Prototyp flog im Mai 1918. Der Antrieb erfolgte durch vier 375 PS Rolls-Royce Eagle VIII-Motoren in Tandemanordnung. Der Prototyp hatte in der Rumpfnase keinen MG-Stand. Mitte 1918 wurde nach dem Absturz des ersten Prototyps ein zweiter fertiggestellt. Dieser hatte jetzt in der Rumpfnase einen MG-Stand, die Motoren waren paarweise verkleidet, und weitere aerodynamische Verbesserungen wurden vorgenommen. Die V/1500 der Serie hatten dagegen wieder unverkleidete Motoren, ein abgeändertes Kühlsystem und ein vergrössertes Leitwerk. Wie bei der 0/400 konnten die MG-Stände in der Nase und auf dem Rumpf mit einem oder zwei Lewis-MGs bestückt werden. Ein weiteres MG schoss durch eine Rumpfluke nach hinten unten. Am Rumpfende war zudem ein Lewis-MG auf Ringlafette montiert, zum ersten Mal in einem britischen Flugzeug. Die V/1500 konnte bis zu dreissig 113 kgBomben oder 2 der grossen 1 500 kg-Bomben mitführen. Für die Flüge nach Berlin wären etwa 450 kg Bombenlast möglich gewesen. Solche Einsätze wurden jedoch nicht durchgeführt. Obwohl noch vor Kriegsende 255 V/1500 bestellt worden waren, wurden nur 3 davon am 8. November 1918 an die Staffel 166 abgeliefert. Diese Bomber wurden mit Bomben beladen und standen zwei Tage bereit, bis die Unterzeichnung des Waffenstillstandes ihren Einsatz überflüssig machte. In der Folge wurden verschiedene Bestellungen rückgängig gemacht. Daher sind nur etwa 35 V/1500 gebaut worden. Handley Page baute mindestens 22, Beardmore mindestens 7 und Harland & Wolff wahrscheinlich weitere 4. Die meisten dieser Flugzeuge hatten Eagle VIII-Motoren, das letzte von Handley Page wies dagegen 450 PS Napier Lion auf und flog damit am 3. September 1919. Mindestens eine V/1500 von Beardmore hatte 500 PS Galloway-Atlantic Motoren. Im Dezember 1918/Januar 1919 flog eine V/1500, die H.M.A. (His Majestys Airlineer) **Old Carthusian** als erstes Flugzeug von England nach Indien (Martlesham-Karachi). Dieses Flugzeug wurde im Mai 1919 zur Bombardierung von Kabul in Nordwestindien verwendet, um dadurch das Zustandekommen eines Friedensvertrages zu beschleunigen. Dies war das einzige Mal, dass eine V/1500 Bomben im Ernstfall einsetzte. Ein anderes Flugzeug (F7140) wurde 1919 nach Neufundland verschifft, dort zusammengebaut und für den Versuch einer Nordatlantik-Überquerung ohne Zwischenlandung vorbereitet. Wegen Überhitzung der Motoren musste der Start verschoben werden. Als man diese Schwierigkeiten behoben hatte, war Alcock und Brown die Überquerung mit der Vikkers Vimy bereits gelungen. F7140 gab ihr Vorhaben auf und führte stattdessen in den USA und in Kanada eine Vorführungstournée durch. Die V/1500 war zu gross, zu kompliziert und zu teuer, um als Zivilflugzeug Erfolg zu haben; keine wurde ins britische Zilvilregister aufgenommen. Allerdings verwendete Handley Page Transport Ltd 1919 auf der Strecke London-Brüssel für kurze Zeit ein Flugzeug dieses Typs. Möglicherweise war es dasselbe Flugzeug, das 1919 mit 40 Passagieren in 2 000 m Höhe über London flog.

56 Vickers Vimy

Etwa gleichzeitig wie die Handley Page V/1500 wurde die Vickers Vimy entwickelt und gebaut. Der zweimotorige Bomber hatte genügend Reichweite, um Berlin von Stützpunkten an der Westfront aus zu bombardieren. R. K. Pierson entwarf die F.B.27, von welcher im August 1917 drei Prototypen bestellt wurden. Das erste dieser Flugzeuge (B9952) flog am 30. November 1917 mit zwei 200 PS Hispano-Suiza-Motoren. Diese wurden allerdings später durch 260 PS Salmson-Sternmotoren ersetzt. Beim zweiten Prototyp, der im April 1918 fertig war, wurden 260 PS Maori-Motoren und ein drittes MG zur besseren Verteidigung nach hinten und unten eingebaut. Das dritte Flugzeug, welches einige Wochen darauf erschien, hatte die später bei den Serienflugzeugen verwendete Zelle und 300 PS Fiat A-12bis-Motoren. Dieser Prototyp wurde leider in September 1918 zerstört, doch erschien bereits im folgenden Monat der vierte Prototyp (F9561). Er hatte 360 PS Eagle VIII-Motoren und vergrösserte Ruder.

Im März 1918 wurden bei Vickers die ersten 150 Vimy bestellt, weitere Bestellungen folgten bei anderen Herstellern. Bei Waffenstillstand waren mehr als 1 000 Flugzeuge bestellt. Die verschiedensten Motoren waren vorgesehen, doch sind die meisten der gebauten Vimy mit

Eagle-Motoren ausgerüstet worden. Einige Flugzeuge hatten Fiat-Motoren. Vickers baute 143 Vimy, Westland 25, mindestens 16 das Royal Aircraft Establishment und mindestens 40 Morgan & Co. Verträge mit weiteren Herstellern wurden gegen Kriegsende annulliert. Am 31. Oktober 1918 besass die RAF nur 3 Vimy, davon war nur ein Flugzeug vei der Independent Force in Frankreich stationiert. Bevor dieses Flugzeug eingesetzt wurde, war der Krieg zu Ende.
Die Hauptlieferungen der Vimy begannen im Juli 1919, 9 Einheiten der RAF verwendeten den Typ in Grossbritannien und in Übersee. Auch einige Schulungsformationen in England and Ägypten benützten Vimys. Ab 1924 wurden sie aus den Bomberstaffeln zurückgezogen, viele dienten aber als Schulflugzeuge (auch für Fallschirmtraining) bis Anfang der 30er Jahre. Etwa 80 dieser Flugzeuge erhielten in den letzten Dienstjahren unverkleidete Bristol Jupiter oder Armstrong Siddeley Jaguar-Sternmotoren. Die Bewaffnung bestand normalerweise aus vier 7,7 mm-Lewis, allerdings entfiel nach dem Krieg meist das hintere obere MG. Die Vimy mit Fiat-Motoren konnte bis 2 000 kg Bomben im Rumpf und unter den Tragflächen mitführen, die Version mit Eagle-Motor sogar 2 179 kg. Diese Version wird allgemein als Vimy Mk. IV bezeichnet, doch gibt es für die Bezeichnung der Versionen während und nach dem Krieg keine einheitliche Regelung. Die Version mit Fiat-Motoren wird als Mk. II oder Mk. III bezeichnet. 1919 fanden mit speziell umgebauten Vimys zwei bedeutende Langstreckenflüge statt. Im Juni gelang Capt. John Alcock und Lt. Arthur Whitten-Brown die erste Nonstop-Überquerung des Atlantik zwischen St. Johns in Neufundland und Clifden in Nordirland (3 032 km). Im November/Dezember flog Vimy G-EAOU mit Capt. Ross Smith als Pilot und seinem Bruder Lt. Keith Smith als erstes, von Australiern geflogenes Flugzeug von England nach Australien. Die Entfernung von 17 912 km wurde in knapp 136 Flugstunden bewältigt.

57 Blackburn Kangaroo

Eines der weniger bekannten Flugzeuge des Ersten Weltkrieges, die Blackburn Kangaroo, entstand aus dem zweimotorigen Schwimmerflugzeug Blackburn Typ GP. Der Prototyp (1415) erschien im Juli 1916. Er hatte eine Besatzung von 3 Mann, 2 Sunbeam-Nubian-Motoren und nach hinten klappbare Flügel. Ein zweites Flugzeug (1416) folgte; wird manchmal mit SP bezeichnet, hatte anfangs 190 PS Rolls Royce-Motoren und einige Verbesserungen, vor allem die Verwendung von mehr Metall.
Die 20 ursprünglich für den RNAS bestellten Kangaroo waren scheinbar auch als Wasserflugzeuge geplant und für den Einsatz als Patrouillen- und Bombenflugzeuge der Marine vorgesehen. Offenbar wurde dann aber erkannt, dass ein Landflugzeug bessere Einsatzmöglichkeiten bot. Daher wurden die bestellten Flugzeuge umnummeriert, mit Fahrwerken versehen und an das RFC geliefert. Das Kriegsministerium bestellte gesondert 4 Kangaroo. Die Flugzeuge der

Serienproduktion hatten immer noch zurückklappbare Flügel, die Zelle wies aber verschiedene Änderungen auf, und der Antrieb erfolgte durch 250 PS Rolls-Royce Falcon (welche vermutlich mit einem der Prototypen getestet worden waren). Die erste Kangaroo wurde im Januar 1918 offiziell getestet; die Lieferung an die Squadron 246 in Seaton Carew, Durham, begann im April. Die Kangaroo hatte eine Besatzung von 4 Mann. Der vordere und hintere Waffenstand war mit je einem Lewis-MG auf Scarff-Ringlafette ausgerüstet, es konnten 4 Bomben zu 104 kg (oder entsprechend mehr kleinere) im Rumpfinnern mitgeführt werden. In der Rumpfmitte konnten Aufhängevorrichtungen für weitere Bomben angebracht werden. Der lange, schlanke Rumpf der Kangaroo verbog sich gelegentlich bei Belastung; im übrigen war das Flugzeug aber trotz seiner Grösse leicht steuerbar. Die ganze Besatzung hatte sehr gute Sicht. Es ist nicht sicher, ob alle 24 bestellten Kangaroo gebaut worden sind. Die 4 für das RFC und mindestens 12 aus der früheren Bestellung wurden aber bestimmt abgeliefert. Während der letzten 6 Kriegsmonate setzte die Squadron 246 etwa zehn Kangaroo ein und versenkte im August 1918 ein U-Boot, 4 weitere wurden beschädigt. Beim Waffenstillstand waren noch mindestens 14 Kangaroo vorhanden.

Nach dem Krieg kaufte Blackburn die Kangaroo-Maschinen der RAF zurück (ausgenommen 3 Flugzeuge, die im Mai 1919 an Grahame-White für Rundflüge verkauft wurden) und baute sie um. Einige wurden von Blackburn bis 1929 im Auftrag der RAF als Schulflugzeuge eingesetzt. Andere wurden als Passagier- oder Frachtflugzeuge verwendet, unter anderm auch von der North Sea Aerial Navigation Co. (einer Tochtergesellschaft von Blackburn). Eine Kangaroo wurde im November 1919 für den Versuch eines Fluges von England nach Australien verwendet, der jedoch misslang. Eine oder zwei weitere Maschinen nahmen in den 20er Jahren an verschiedenen Wettflügen teil. Die Herkunft des Names Kangaroo ist unbekannt. Obwohl allgemein verwendet, war er nicht offiziell; ein Zusammenhang mit der Form des Flugzeuges ist kaum feststellbar.

58 & 59 Caproni - Ca 1 bis Ca 5

Die Meinung ist noch immer weit verbreitet, dass England und Deutschland mit den Handley Page- und Gotha-Bombern als erste Nationen Flugzeuge für schwere Bombardierungen einsetzten. Es ist jedoch Tatsache, dass sowohl Italien als auch Russland schon vor Kriegsausbruch Bomber entwickelt hatten. Die italienischen Ca 2 führten schon Langstreckenbombardierungen österreichisch-ungarischer Ziele durch, bevor die Handley Page 0/100 überhaupt flog.

Das erste Caproni-Riesenflugzeug wurde 1913 entworfen und diente als Muster für die weiteren Entwicklungen. Es hatte eine zentrale Gondel und 2 schlanke Rümpfe, die das Leitwerk trugen. Die Besatzung und alle drei Motoren waren in der Gondel untergebracht. Ein 80 PS Gnome-Rotations-Motor trieb einen Druckpropeller an der Gondelrückseite an, 2 weitere 80 PS Gnome-

Motoren wirkten über Wechselgetriebe auf Zugpropeller vor den Rümpfen. Diese Anordnung erwies sich im Betrieb als recht umständlich. Beim Prototyp, der im Oktober 1914 flog, trieben daher die beiden Gnome die Propeller direkt an. Die erste Serienversion war die Ca 1 mit drei 100 PS Fiat A-10 Reihenmotoren, die alle Zugpropeller antrieben. 1914-16 wurden 162 Ca 1 gebaut. Flugzeuge dieses Typs führten am 20. August 1915 den ersten Bombenangriff des Krieges gegen Österreich-Ungarn durch. Bei 9 anderen Maschinen mit der Bezeichnung Ca 2 war das mittlere Triebwerk durch einen 150 PS Isotta-Fraschini V-4B-Reihenmotor ersetzt worden. Die Ca 1 und 2 wurden bis zum Erscheinen der Ca 3 im Jahre 1917 verwendet, zuletzt für Nachteinsätze.
Die Ca 3 entsprach im wesentlichen der Ca 1, hatte ein dreistieliges Tragwerk gleicher Spannweite, eine kastenförmige Gondel und 3 vieleckige Seitenruder über dem Höhenleitwerk. Grosse Bedeutung wurde der Sicherheit bei Start und Landung in unebenem Gelände beigemessen.
Deshalb wurden unter den Flügelenden und am Leitwerk Kufen und unter dem Gondervorderteil Hilfsräder angebracht, um ein Überschlagen zu verhindern. Die beiden Piloten sassen nebeneinander in der Mitte der Gondel und hatten vor sich einen mit Rivelli-MG oder einer Kanone bewaffneten Schützen. Der wenig beneidenswerte hintere Schütze war in einem käfigartigen Verschlag hinter der Hinterkante der oberen Tragfläche und direkt über dem Schubpropeller untergebracht. Der Antrieb der Ca 3 erfolgte durch drei 150 PS Isotta-Fraschini V-4B-Reihenmotoren. 1916-18 wurden in Italien 270 dieser Flugzeuge gebaut, und mehr als ein Dutzend Staffeln des Corpo Aeronautica Militare sowie eine italienische Marinestaffel in Albanien waren damit ausgerüstet. 86 in Frankreich in Lizenz gebaute Ca 3 dienten bei 2 Staffeln der französischen Aviation Militaire. Verschiedene Ca 3 waren noch beim Waffenstillstand in Dienst. Eine Variante des C3- Grundmodells war die Ca3 Mod mit abnehmbaren Aussenflügeln. Während des Krieges und danach wurden 153 Maschinen gebaut, davon wurden einige als Sanitätsflugzeuge eingesetzt.
Die militärische Bezeichnung Ca 4 galt einer Serie viel grösserer Dreidecker. Der erste erschien Ende 1917. Die Piloten sassen nebeneinander, das Cockpit des vorderen Schützen wurden beibehalten. Anstelle des „Käfigs" für den hinteren Schützen waren jedoch in jedem Rumpf MG-Stände eingebaut. Die Ca 4 wurde zunächst von drei 200 PS Isotta-Fraschini-Motoren angetrieben, ihre Leistung war aber für ein Flugzeug dieser Grösse zu gering. Aus diesem Grunde und wegen weiterer Nachteille wurden nur 3 Maschinen mit diesen Triebwerken gebaut. 1918 folgten 12 Maschinen mit 270 PS Isotta-Frachini, einer Gondel mit ovalem Querschnitt und hintereinander angeordneten Pilotensitzen. Diese Flugzeuge dienten bei verschiedenen Staffeln der italienischen Armee und der Marine. Die letzten in Serie gebau-

ten Dreideckerversionen wurden mit stärkeren Fiat-, Isotta-Fraschini oder Liberty-Motoren ausgerüstet, die Pilotensitze waren wieder nebeneinander angeordnet. Ein sargähnlicher Behälter, der 1 450 kg Bomben fasste, war zwischen den Rädern des Hauptfahrwerks aufgehängt. 23 Flugzeuge wurden fertiggestellt und sechs 1918 an den RNAS geliefert. Die Ca 4 war für den Tageinsatz zu langsam und wurde daher hauptsächlich für Nachteinsätze verwendet. Die Ca 4 des RNAS wurden offenbar nicht kriegsmässig eingesetzt und nach dem Krieg an Italien zurückgegeben. Es gab zwei Varianten mit doppeltem Höhenleitwerk und darin eingebautem hinteren MG-Stand. Eine dieser Versionen war für den RNAS bestimmt, wurde jedoch nie geliefert. Eine zweimotorige Variante, von der mindestens der Prototyp gebaut wurde, war ein Wasserflugzeug mit 2 Stufenschwinnern, das zwei Torpedos tragen sollte. Der Antrieb erfolgte durch zwei 400 PS Liberty-Motoren. Es wird angenommen, dass die Serienproduktion geplant war, doch wurden höchstens einige Maschinen gebaut.

Die Ca 5-Baureihe brachte die Rückkehr zur Doppeldeckerbauweise. Diese Flugzeuge waren etwas grösser als die Ca3. Das erste Modell der Serie hatte 3 Fiat-Motoren von 200 PS. Die Tragflächen-Motoren hatten Frontkühler, der Kühler des mittleren Motors war in der Gondelnase eingebaut. Die Kampfzuladung betrug 540 kg, nur 2 Abwehr-MGs wurden mitgeführt. Die erste Version wurde Anfang 1918 in Dienst gestellt. Verbesserte Versionen folgten mit 3 Isotta-Fraschini-, Fiat- oder Liberty-Motoren von 200 PS. Die Ca 5 wurde während der letzten 9 Kriegsmonate hauptsächlich von italienischen Nachtbomberstaffeln in Frankreich eingesetzt. Einige waren allerdings bei Kriegsende auch an der italienischen Front. In Italien wurden insgesamt 255 Ca 5 gebaut, eine kleine Serie von Esnault-Pelterie in Frankreich. Nachdem zwei Ca 5 in die USA geliefert worden waren, wurden dort vor Kriegsende noch 3 weitere Flugzeuge gebaut. Ein anderer für die Produktion vorgesehener Typ war ein Torpedo- oder Bombenflugzeug auf zwei Zari-Schwimmern mit 3 Liberty-Motoren. Bei Piaggio wurde der Lizenzbau der Ca 5 aufgenommen, doch wurden nur 10 Flugzeuge gebaut und erst nach dem Waffenstillstand abgeliefert.

Caproni-Bomber des einen oder anderen Typs waren so während der ganzen Periode der italienischen Teilnahme am Ersten Weltkrieg im Einsatz. Die Tragfähigkeit dieser doch recht grossen Flugzeuge mag bescheiden erscheinen, doch ist zu bedenken, dass die meisten Ziele weit von den Einsatzstützpunkten entfernt waren und lange Flüge über gefährliche Gebirge notwendig machten. Wegen ihrer Grösse verlangten sie kräftige Piloten. Durch die guten Flugeigenschaften und grosse Reichweite waren sie aber für den Einsatz recht gut geeignet. Einige Zivilversionen mit Kabinen, die bis zu 30 Passagieren Platz bieten sollten, waren geplant; doch scheint keines dieser Flugzeuge kommerziell eingesetzt worden zu sein. Mit der Bezeichnung B. 1 baute Breda eine Passagierversion mit 8 Sitzplätzen. Eines dieser Flugzeuge eröffnete am 29. Januar 1919 den Liniendienst auf der Strecke Mailand-Rom.

60 Siemens-Schuckert R-Typen
Die Siemens-Schuckert-Werke in Berlin und Nürnberg bauten nicht nur die zierlichen, kleinen Jagdflugzeuge des Typs D (siehe Kampfflugzeuge 1914-1919), sondern fielen auch ins andere Extrem und stellten einige der grössten deutschen Flugzeuge des Ersten Weltkriegs her. Diese Firma war zunächst bekannt für den Bau von Luftschiffen, hatte die Flugzeugabteilung 1911 geschlossen, aber 1914 wieder eröffnet. Zuerst wurden kleine Flugzeuge gebaut. Das erste grosse, von Forssmann entworfene Flugzeug, dessen Bau im Oktober 1914 begann. lehnte sich anscheinend an frühere viermotorige Sikorsky-Doppeldecker an. Es wurde im Frühjahr 1915 fertiggestellt und geflogen. Die vier 110 PS Mercedes-Motoren waren einzeln auf der unteren Tragfläche montiert. Die Spannweite betrug 24,00 m. Als sich eine deutliche Untermotorisierung zeigte, wurden die beiden Innentriebwerke durch 220 PS Mercedes D.IV ersetzt und die beiden äusseren 110 PS-Motoren weiter nach innen gerückt. Nach diesen Änderungen begann die Flugerprobung wieder im September 1915 und das Flugzeug wurde schliesslich im April 1916 als Schulmaschine angenommen.
Inzwischen hatte Ende 1914 die Idflieg die Entwicklung eines neuen, dreimotorigen grossen Doppeldekker-Bombers genehmigt, der von den Brüdern Bruno und Frans Steffen entworfen worden war.
Der Bau dieses mit G.I.32/15 bezeichneten Flugzeugs begann im Dezember 1914. Der Erstflug erfolgte im Mai 1915 bei den Steffen-Werken in Neumünster. Die Konstruktion war reichlich ungewöhnlich. Die Tragflächen hatten unterschiedliche Spannweite, nur die obere Tragfläche hatte Querruder, doch zwischen der oberen und unteren Tragfläche waren Hilfsquerruder montiert. Der Rumpf bestand aus Bugnase und Kabine und schloss nach hinten vielflächig ab. Dieser Aufbau war mit einem oberen und unteren Leitwerksträgerholm verbunden, wodurch sich ein grosses Schussfeld nach hinten ergeben sollte. Beide Holme hatten dreieckigen Querschnitt. Der untere Holm enthielt den üblichen Bauchtunnel mit einem nach hinten schiessenden MG. Das Leitwerk wurde hauptsächlich vom oberen Holm getragen und bestand aus einer dreieckigen Höhenflosse mit rechteckigem Höhenruder, darunter befanden sich ein zentrales Seitenruder, 2 kleine Aussenruder und 2 Hilfshöhenruder. Alle 3 Benz-Triebwerke waren im vorderen Rumpf untergebracht, wo während des Fluges kleinere Reparaturen oder Einstellarbeiten durchgeführt werden konnten. Die Kühler benötigten die ganze Frontfläche der Rumpfnase. Die Kraft wurde über Kupplungen und Getriebe auf zwei Zugpropeller an den inneren Tragwerksstreben übertragen. Gleichzeitig mit der Übernahme der G.I.32/15 im Juli 1915 erteilte Idflieg einen Auftrag für 6 ähnliche Machinen mit den Bezeich-

nungen G.33/15 bis G.38/15. Mit der Einführung der Riesenflugzeugklasse im November 1915 wurden die Bezeichnungen in R.I bis R.VII geändert, im März 1917 nochmals in R.1/15 bis R.7/15.
Die 6 neuen Flugzeuge sollten ursprünglich mit je 3 Maybach-Motoren ausgerüstet werden. Entwicklungsschwierigkeiten dieser Triebwerke zwangen aber dann zur Verwendung von 260 PS Mercedes D.IVa-Motoren bei R.II und R.VII von 220 PS Benz Bz. IV bei R.III, IV, V und VI. Da diese Triebwerke schwächer als vorgesehen waren, wurde die Spannweite entsprechend vergrössert, bei R.II auf 38,00 m, bei R.III und R.V. auf 34,33 m, bei R.IV auf 37,60 m, bei R.VI auf 33,36 m und bei R.VII auf 38,44. Die Rumpfkonstruktion und -länge war ebenfalls nicht einheitlich. Die R.II war mit 8 460 kg. Gesamtgewicht die Schwerste und mit einer Höchstgeschwindigkeit von 110 km/h auch die Langsamste. Die anderen 5 Maschinen erreichten alle Höchstgeschwindigkeiten von 130 bis 132 km/h.
Zum Einsatz kamen schliesslich nur 4 der SSW-R-Typen, nämlich R.IV bis R.VII. Sie waren 1916/17 bei der Riesenflugzeugabteilung (Rfa) 501 in Wilna an der Ostfront eingesetzt. R.II und R.III blieben wie R.I in Deutschland und wurden nur zur Schulung verwendet. Dieser Aufgabe wurden später auch R.IV und R.VII zugeführt.
Im Februar 1918 begann bei SSW der Bau von 2 noch grösseren R-Typen, aber nur R.23/16 (R.VIII) wurde fertiggestellt. Die Spannweite betrug 48,00 m, sechs 300 PS Basse und Selve BuS.IV Motoren kamen zum Einbau, das Gesamtfluggewicht war 15 900 kg. Die geschätzte Höchstgeschwindigkeit sollte 125 km/h betragen. 1919 wurde sie jedoch bei Rollversuchen durch Fehler in der Kraftübertragung von ihren Luftschrauben schwer beschädigt und flog nie.

61 Zeppelin (Staaken) R-Typen
Verschiedene deutsche Flugzeugfirmen bauten während des Ersten Weltkrieges sogenannte Riesenflugzeuge. Die erfolgreichsten, wenn auch bei weitem nicht die grössten, waren die Flugzeuge der Zeppelin-Werke in Staaken. Vor ihrem Umzug nach Staaken Mitte 1916 arbeitete das Konstruktionsteam, das für diese Flugzeuge verantwortlich war, bei der Versuchsbau Gotha-Ost. Dort wurde die erste derartige Konstruktion im November 1914 in Angriff genommen. Dies war die V.G.O.I., die am 11. April 1915 mit drei 240 PS Maybach Mb.IV-Motoren den Erstflug absolvierte. Ein Motor im Rumpfbug trieb einen Zugpropeller, während die anderen zwei zwischen den Flügeln aufgehängt waren und auf Druckpropeller wirkten. In jeder Flügelmotorgondel war vorne ein enger MG-Stand mit Zwillings-MGs eingebaut. Dieses Flugzeug wurde später in R.M.L.1 umbenannt und von der Deutschen Marine bei Einsätzen an der Ostfront verwendet. Ein ähnliches Flugzeug, die V.G.O.II, kam später dazu. Ende 1916 flogen beide Flugzeuge bei der Rfa 500 (Riesenflugzeugabteilung), doch sie waren erheblich untermotorisiert. V.G.O.I. kam daher später nach Staaken zurück, wo fünf 245 PS Maybach-Motoren eingebaut wur-

den (je zwei je Gondel und einer im Rumpf). Das Flugzeug ging später durch Absturz verloren. In einem weiteren Versuch, bessere Leistung zu erhalten, wurde die V.G.O. III gebaut (später R.III, nachdem die R-Klasse eingeführt war). Dieses Flugzeug hatte sechs 160 PS Mercedes D.III-Motoren: Zwei je Gondel in Tandemanordnung trieben Schubpropeller an, in der Rumpfnase waren zwei Motoren nebeneinander angeordnet und arbeiteten über ein Getriebe auf einen Zugpropeller. Die Bewaffnung wurde auf 5 MGs erhöht. Als erstes Flugzeug der Baureihe wurde die R.IV von Anfang an unter der R-Bezeichnung gebaut. Sie hatte die Zelle einer V.G.O.III mit vier 220 PS Benz Bz.IV-Motoren in den Gondeln. Die R.IV war mit bis zu 7 MGs ausgerüstet. Der Typ wurde im Juli 1917 an der Ostfront in Dienst gestellt, kam dann später an die Westfront und wurde für Angriffe gegen England verwendet. 1916 wurde mit dem Bau je einer R.V und R.VII begonnen. Diese Flugzeuge hatten fünf 240 PS Maybach Mb.IV-Motoren, einen in der Rumpfnase und je 2 in den Gondeln. Die äusseren Motoren trieben paarweise einen Zugpropeller an, daher wurden die MG-Stände im Gondelhinterteil mit Schussrichtung nach hinten angeordnet. Ein weiteres MG war in einem „Schwalbennest" über dem oberen Flügelmittelstück eingebaut. R.V und R.VII unterschieden sich hauptsächlich durch die Verstrebungen des Leitwerks. R.V wurde im September 1917 für den Einsatz freigegeben und 1918 zur Bombardierung von London verwendet. R.VII stürzte im August 1917 beim Überführungsflug zur Einheit ab und ging verloren.

Als einziger Zeppelin R-Typ ging die R.VI in Serienfertigung. 18 Maschinen wurden gebaut, eine von Zeppelin (Staaken), 6 von Aviatik, 4 von O.A.W. und 7 von Schütte-Lanz. 15 dieser Flugzeuge waren mit vier 260 PS Mercedes D.IVa-Motoren ausgerüstet, die paarweise in 2 Gondeln eingebaut je einen Zug- und Druckpropeller antrieben. Durch den Wegfall des Motors in der Rumpfnase wurde der Einbau eines Abwehrstandes mit zwei Parabellum-MGs auf Ringlafette möglich. Hinter der Tragfläche waren im Rumpf je ein MG oben und unten eingebaut, die von je einem Schützen bedient wurden. Die Piloten sassen nebeneinander in einer geschlossenen Kabine. 3 Flugzeuge von Aviatik, welche 1918 gebaut wurden, hatten vier 245 PS Maybach-Motoren, eine Pilotenkanzel, die bis zur Rumpfnase nach vorne gezogen war, und eine grosse mittlere Seitenstabilisierungsfläche. Die R.VI konnte im Rumpfinnern bis zu achtzehn 100 kg-Bomben tragen, die Maximalzuladung betrug 2 000 kg. Gewöhnlich wurde jedoch etwa die Hälfte davon geladen. Einzelne Bomben bis zu 1 000 kg Gewicht konnten halbversenkt unter dem Rumpf getragen werden. Die Auslieferung der R.VI begann im Juni 1917; ab September wurden sie von Rfa 500 und 501 für Bombenangriffe auf Ziele in Frankreich und England eingesetzt. Während der Zeit ihres Einsatzes konnten die Alliierten nur zwei Maschinen abschiessen, durch Absturz gingen aber weitere 8 verloren. Zwei R.VI wurden versuchsweise mit einem zusätzlichen Motor, einem 120 PS Mercedes D.II ausgerüstet. Dieser trieb einen Verdichter zur Aufladung der anderen 4 Motoren an, um so dem Bomber in grösserer Höhe bessere Leistungen zu vermitteln. Die folgenden Zeppelin-R-Typen wurden nur in kleiner Zahl gebaut. 3 R.XIV, eine R.XIVa und 3 R.XV hatten alle fünf 245 PS Mb.IV-Motoren und waren mit 5 MGs bewaffnet. Die Motoren trieben 3 Zug-und 2 Druckpropeller an, daher befand sich in der Rumpfnase kein MG-Stand. Die R.XV kamen vermutlich zu spät, um noch im Krieg eingesetzt zu werden. Im Oktober 1918 hatte Aviatik eine von 3 bestellten R.XVI fertiggestellt, Dieses Flugzeug hatte in jeder Gondel einen 220 PS und einen 550 PS Benz-Motor. Eine Variante der R.VI war das Wasserflugzeug Typ 8301, von dem etwa 3 oder 4 gebaut worden sind. Flügel und Motoreinbau wurden von der R.VI übernommen. Der zwischen den Flügeln eingehängte Rumpf war eine Neukonstruktion und das Leitwerk hatte die grosse Mittelflosse der letzten R.VI. Eines dieser Flugzeuge erhielt später ein Fahrwerk. Ein Wasserflugzeug Typ L war eine normale R.VI mit D.IVa-Motoren und zwei etwa 13 m langen Schwimmern. Diese Maschine ging während der Erprobung verloren.

62 Sikorsky „Ilya Mourometz" Das erste viermotorige Flugzeug der Welt, die „Le Grand", wurde 1913 von I.I. Sikorsky und G.I. Lawrow entwickelt und flog am 13. Mai desselben Jahres zum ersten Mal. Daraus entstand dann ein noch grösseres Flugzeug: Die von vier 100 PS Argus-Motoren angetriebene „Ilya Mourometz" flog Anfang 1914. Das Flugzeug hatte ein Kufen-Fahrwerk, eine Besatzung von 5 Mann und im hinteren Rumpf Räume zum Essen und Schlafen. Im Februar 1914 trug dieses Flugzeug 16 Passagiere und einen Hund in eine Höhe von 2 000 m und blieb 5 Stunden in der Luft. Im Frühjahr 1914 wurden 10 Maschinen einer Militärversion für die Kaiserlich-Russische Fliegertruppe bestellt. Nach Kriegsausbruch im August erhöhte das Militärtechnische Zentralbüro diese Bestellung beträchtlich; schliesslich wurden fast achtzig „Ilya Mourometz" gebaut. Die Serienflugzeuge wurden von der Russisch-Baltischen Waggonfabrik (R.B.V.Z.) in 5 verschiedenen Versionen gebaut, die sich in Abmessungen, Gewicht und Motorentyp unterschieden. Ungenügende Lieferungen von Flugmotoren stellte die russische Flugzeugindustrie vor schwierige Probleme. Einige Sikorsky-Bomber hatten daher aussen und innen Motorpaare verschiedener Leistung. Etwa 4 „Ilya Mourometz" Typ B wurden mit zwei 135 PS und zwei 200 PS Salmson (Canton-Unné) gebaut. Es folgten 33 Flugzeuge Typ V. Ausser 3 Maschinen hatten sie alle vier 150 PS Sunbeam-Motoren, ein sehr unzuverlässiges Triebwerk, die restlichen waren mit je zwei 125 PS und 140 PS Argus-Motoren ausgerüstet. Etwa 20 G-2 hatten vier 150 PS RBVZ.I-6 Motoren, 15 G-3 hatten 2 dieser Motoren und zwei 220 PS Renault. Die grösste „Ilya Mourometz", die E-1, war mit vier 220 PS Renault-Motoren ausgerüstet. Trotz eines Gesamtgewichts von 7 000 kg war die E-1 mit einer Höchstgeschwindigkeit von 136,7 km/h auch die schnellste Version. Die Einsatzerfahrungen mit den beiden ersten „Mourometz" waren so schlecht, dass R.B.V.Z. zur Einstellung der Produktion aufgefordert wurde. Glücklicherweise wurde aber eine Frist gewährt. Unter dem Kommando von Generalmajor M.V. Schidlowski, dem ehemaligen Direktor von R.B.V.Z., wurde die „Eskadra Wozuduschnykh Korablei" – Staffel der fliegenden Schiffe – speziell für Einsatz und Erprobung der nächsten Maschinen aufgestellt. Diese Einheit war mehr als eine normale Bomberstaffel. Als vollständig selbstständige Einheit führte sie Erprobungs- und Schulungsflüge sowie die Wartung der Flugzeuge durch. Von ihrer Basis Jablonna in Polen startete die E.W.K. am 15. Februar 1915 zum ersten Bombenangriff nach Ostpreussen. In der Folge führte diese Einheit bis zum Ausbruch der Revolution im November 1917 etwa 400 Angriffe auf deutsches und litauisches Gebiet durch. In diesem Zeitraum wurde nur eine „Ilya Mourometz" von deutschen Jagdflugzeugen abgeschossen. Dies geschah am 12. September 1916, allerdings erst, nachdem die MG-Schützen des Bombers 3 deutsche Jäger abgeschossen hatten. Zwei Maschinen gingen durch Abstürze verloren und im Februar 1918 wurden 30 auf dem Flugplatz von Winnitza vernichtet, um zu verhindern, dass sie den Deutschen in die Hände fielen.

Wegen ihrer Grösse benötigte die „Ilya Mourometz" sorgfältige Wartung und kräftige Piloten. Das Flugzeug war aber robust gebaut und konnte starke Gefechtsschäden hinnehmen. Die Flugzeuge waren mit sehr guten russischen Bombenzielgeräten ausgerüstet, womit in mehr als 60% der Abwürfe Volltreffer erreicht wurden. Als typisch kann die Bombenlast der Typen G-2 und G-3 angesehen werden, welche zwischen 400 kg und 700 kg betrug. Die normale Abwehrbewaffnung bestand aus 3 oder 4 MGs. Es konnten aber bis zu 7 MGs eingebaut werden, darunter eines im Drehturm im Heck. Normalerweise bestand die Besatzung wie beim Typ B aus 4 Mann, sie konnte aber je nach Anzahl der MGs erhöht werden. Die „Ilya Mourometz" führten auch Langstrecken-Aufklärung durch und waren dafür sehr geeignet. Im Dezember 1916 erteilte Zar Nikolaus II Frankreich und England auf Anfrage Lizenzbaurechte, die aber nicht in Anspruch genommen wurden.

63 Caudron G.III, G.IV und G.VI

Die meisten Flugzeuge mit Rumpfgondeln und Schwanzholmen der Periode 1914-19 waren Druckpropellerflugzeuge. Eine Ausnahme war die Caudron G.III, deren Motor einen Zugpropeller antrieb. Die G.III wurde aus der G.II entwickelt und war ihr sehr ähnlich. Der G.II-Einsitzer war 1913-14 eine vertraute Erscheinung vieler europäischer Flugveranstaltungen. In seiner ersten militärischen Form war die G.IIIA.2 ein zweisitziges Aufklärungs- und Artilleriebeobachtungsflugzeug, das von französischen, britischen, belgischen, italienischen und russischen Fliegertruppen während der ersten Hälfte des Ersten Weltkrieges viel eingesetzt wurde. Die meisten der zu Hunderten gebauten G.III wurden in Frankreich hergestellt, einige aber auch in England von der British Caudron Co. In Italien baute A.E.R. 1915/16 170 G.III. Die G.III war ursprünglich mit 80 PS Gnome-, Le Rhône- oder Clerget-Motoren ausgerüstet, später wurden aber häufig 100 PS Anzani 10 C-Sternmotoren verwendet. Die G.III hatte zwar genügend Reichweite (4 Stunden), war aber zu langsam und zu verletzlich, um lange als Aufklärer verwendet werden zu können. Frankreich zog seine G.III Mitte 1916 von der Front zurück, die italienischen wurden jedoch bis März 1917 eingesetzt. England zog seine G.III sogar erst im August 1917 aus dem Einsatz. Noch im Januar 1917 verwendete das RFC mit einem MG im vorderen Cockpit bewaffnete Caudron G.III für Bombenangriffe auf Infanterie. Der RNAS setzte einige seiner G.III für Küstenüberwachung ein. 124 G.III wurden an den RNAS, 109 an das RFC geliefert und in der Folge auf allen bedeutenden Kriegsschauplätzen eingesetzt. Der Rückzug aus den Fronteinheiten war jedoch keineswegs das Ende ihrer Laufbahn, denn sie wurden eines der beliebtesten und bekanntesten Schulflugzeuge der Alliierten. Für diese Aufgabe wurden sie als G.IIIE.2 bezeichnet. 1918 kaufte die AEF 192 Caudron E.2. Die meisten Caudron G.III hatten Verwindungssteuerung, doch wurden bei einigen späteren Flugzeugen an den oberen Flügeln Querruder angebracht.

Die Caudron G.IV, welche im März 1915 erschien, war eigentlich eine vergrösserte, zweimotorige Version der G.III. Ursprünglich wurden auch hier 80 PS Le Rhône eingebaut und später 100 PS Anzani für die Produktion verwendet. Das Flugzeug hatte 4 Seitensteuerflächen. Ein bewegliches Vickers- oder Lewis-MG war im vorderen Cockpit montiert. In der Tagbomberversion G.IVB.2 konnte 100 kg Bomben mitgeführt werden. Einige Flugzeuge hatten über der oberen Tragfläche ein zweites, nach hinten feuerndes MG montiert. Obwohl die Bombenzuladung bescheiden war, wies das Flugzeug gute Leistungen und besonders gute Steigeigenschaften auf. Im Einsatz erwies es sich als sehr zuverlässig, was durch die Wahl dieses Typs durch Italien für Langstreckenflüge über die Alpen bewiesen wird. Im November 1915 wurde die G.IV von der französichen Aviation Militaire in Dienst genommen und bis zum folgenden Herbst eingesetzt. 1916/17 baute AER in Italien 51 G.IV. Der RNAS erhielt 43 in Frankreich gebaute sowie 12 von der British Caudron Co hergestellte G.IV Sie wurden 1916 und Anfang 1917 von Wing 4 und 5 für Tag- und Nachtangriffe auf Wasserflugzeug- und Zeppelinstützpunkte in Belgien eingesetzt. Frankreich verwendete die Versionen A.2 und B.2 der G.IV. 1918 kaufte die AEF zehn G.IVA.2 zur Verwendung als Schulflugzeuge. Im Sommer 1916 erschien die G.VI als Bindeglied zwischen der G.IV und den späteren Caudron R-Typen, welche von René Caudron entworfen wurden. Dieses Flugzeug war zwar eine Weiterentwicklung der G.IV, zeigte aber verschiedene Merkmale der Typen R.4 und R.11, darunter den verkleideten Rumpf mit „Kiel" und das einfache Seitenleitwerk. Der Antrieb erfolgte durch 2 Le Rhône-Rotationsmotoren von 80, 110 oder 120 PS. Der Beobachter sass im hinteren Cockpit, welches mit einer Ringlafette für ein oder zwei Lewis-MGs versehen war. Die G.VI wurde nur als A.2-Typ gebaut. In Anbetracht der Bedeutung der R.4 und R.11 kann angenommen werden, dass die G.VI nicht in grosser Zahl hergestellt worden ist. Es war nicht möglich, herauszufinden, welche französischen Staffeln welche Caudron G-Typen verwendeten. Die Aviation Militaire hatte aber insgesamt 38 Staffeln, die mit Caudron G-Typen ausgerüstet waren.

64 Lohner L

Die ersten Flugboote der Jakob Lohner Werke in Wien waren die Mehrzweckflugzeuge Typ E aus dem Jahre 1913. Dies waren Zweisitzer mit 85 PS Hiero-Motoren. Eines dieser Flugzeuge (E 18) führte im August 1914 den ersten Kriegsflug eines österreichischen Flugzeuges durch. Die späteren S-Typen waren Schulversionen des Typs E ohne Bewaffnung. 1914-18 waren etwa 200 Flugzeuge im Einsatz, darunter auch umgebaute E-Typen. Die meisten hatten 85 PS Hiero-Motoren, einige aber auch 80 PS Oberursel-Rotationsmotoren.

In Grösse und Aufbau entsprach die Lohner L dem Typ E, war aber entweder mit einem 140 PS Hiero, einem 140 PS oder 180 PS Austro-Daimler ausgerüstet. Die Lohner L war ein schlankes, elegantes Flugzeug mit gepfeilten Eineinhalbdekker-Flügeln. Die beiden Besatzungsmitglieder sassen nebeneinander; der Beobachter auf der rechten Seite verfügte über ein Schwarzlose-MG auf schwenkbarer Lafette. Bis zu 200 kg Bomben oder Wasserbomben konnten mitgeführt werden. Die Lohner L wurde in der zweiten Hälfte des Jahres 1915 in Dienst gestellt. Es wird angenommen, dass Lohner 160 Maschinen baute. Dazu kommen weitere neun oder zehn von der Marinewerft in Pola gebaute ähnliche Maschinen vom Typ Ms. Vom Typ R. einer dreisitzigen Fotoaufklärerversion des Typs L, wurden 36 Flugzeuge gebaut.

Die Lohner L waren die am häufigsten verwendeten Flugboote der Österreichisch-Ungarischen Marine. Sie wurden ausschliesslich in der Adria verwendet und gegen Schiffe der Alliierten sowie gegen Ziele auf dem italienischen Festland eingesetzt. Ein Flugzeug dieses Typs (L40) fiel am 27. Mai 1915 in italienische Hände und löste damit die lange und erfolgreiche Entwicklung der Macchi-Flugboote aus. Der berühmteste Pilot der österreichischen Marine, Lt. Gottfried Banfield, errang am 1. Juni 1916 mit einer Lohner L den ersten seiner vielen Luftsiege. Die Qualität des Flugzeuges wird durch die Tatsache bewiesen, dass während des Krieges nur 30 Maschinen verloren gingen und von den Typen E, R und S nur je eines. Alfred Comte besass 5 Maschinen des Typs R, als er 1925 die Firma Luftverkehr und Sportfliegerschule in Zürich gründete. Die Abbildung zeigt eines der beiden Lohner-Flugboote vom österreichischen Marinestützpunkt Kumbor, welche am 15. September 1916 vor der Bucht von Cattaro das französische U-Boot **Foucault** der Laubeuf-Klasse angriffen.

65 Flugboote der Franco-British Aviation

Die Franco-Britsh Aviation Co. war eigentlich eine französische Firma; ein Büro in London war die einzige Legitimierung der Zweistaatlichkeit des Unternehmens. 1917 wurde dieses Büro geschlossen. Von 1913-15 baute die Firma von Lévêque entwickelte Flugboote. Diese wurden zwar von der französischen Regierung nicht angekauft, aber eine kleine Anzahl wurde nach Österreich-Ungarn und nach Dänemark exportiert. 1915 erschien der zweisitzige F.B.A.-Typ B, eine Weiterentwiklung der Lévêque-Grundkonstruktion durch Louis Schreck. Das Flugboot hatte einen nach hinten hochgezogenen Rumpf, ein rechteckiges Seitenruder und einen 100 PS Gnome Monosoupape-Rotationsmotor, der einen Druckpropeller antrieb. Dieses Flugzeug wurde für die Marine Nationale und den RNAS gebaut. Der RNAS besass zusätzlich zu den 44 Typ B (wovon später 3 an das RFC abgegeben wurden) weitere 20 aus französischen Teilen von der Norman Thompson Flight Co. montierte Flugzeuge. Weitere 60 wurden von Gosport Aviation Co. vollständig in England gebaut. Keines der in Frankreich gebauten Flugzeuge überlebte den Krieg, dagegen existierten im Januar 1919 immer noch 24 der von Gosport gebauten Maschinen.

Im April 1916 folgte der Typ C, der dem Typ B entsprach, aber einen 130 PS Clerget-Motor hatte. Dieses Flugboot wurde für die Marinen von Frankreich, Italien und Russland hergestellt. Wie der Typ B wurde auch der Typ C für die Küstenüberwachung und später als Schulflugzeug verwendet.

Am zahlreichsten wurde der dreisitzige F.B.A.-Typ H gebaut; vermutlich war dies überhaupt das meistgebaute Flugboot des Ersten Weltkrieges. Der Rumpf war weniger hochgezogen und trug ein hochliegendes Leitwerk mit ovalem Seitenruder. Der Typ H war nicht viel grösser als der Typ C, hatte aber eine höhere Ladekapazität und besass statt des Rotationsmotors einen V-Motor. Verwendet wurden Hispano-Suiza-Motoren verschiedener Leistung oder 160 PS Lorraine-Dietrich. Der Typ H wurde in Italien von 6 Herstellern in Lizenz gebaut, nachdem eine erste Serie aus Frankreich geliefert worden war. Obwohl in Italien die Macchi-Flugboote dominierten, sind vom F.B.A.-Flugboot 982 Maschinen gebaut worden, was sehr für seine Qualität spricht. Die meisten dieser Flugzeuge waren mit 160 PS Isotta-Fraschini V-4B Motoren ausgerüstet und hatten zusätzlich eine kleine Seitenflosse. Die Bewaffnung bestand aus einem einzelnen MG im vorderen Cockpit. Vier italienische Typ H wurden dem RNAS übergeben und in Otranto stationiert. Der Typ H wurde auch von der Marine Nationale und der berühmten „Escadrille de Dunkerque" eingesetzt. Die Belgische und die Russische Marine besassen ebenfalls F.B.A.Typ H. 1922 verwendeten italienische Staffeln immer noch einige in Tripolis.

Eine Weiterentwicklung des Typs H, die F.B.A.-S, hatte einen 200 PS

Hispano-Suiza und erhöhte Bombenlast von zwei 35 kg- oder 50 kg-Bomben. Das Leitwerk war vergrössert und mit einer dreieckigen Seitenflosse versehen worden. Die Besatzung bestand aus 2 oder 3 Mann. Der Typ S wurde in den letzten 12 Monaten des Krieges gebaut und von der Marine Nationale in grosser Zahl in der Nordsee, im Aermelkanal und im Mittelmeer eingesetzt. Einige Maschinen wurden auch von der Belgischen Marine verwendet. 1918 wurde ein Prototyp einer Weiterentwicklung des Typs S fertiggestellt. Neue Flügel und ein neues Leitwerk waren mit dem Rumpf des Typs S kombiniert. Obwohl die F.B.A.-Flugboote in grosser Zahl verwendet wurden und bei der Küstenüberwachung und U-Boot-Bekämpfung zweifellos gute Dienste leisteten, ist heute nicht mehr zu ermitteln, wieviele Flugboote der verschiedenen F.B.A.-Typen in Frankreich gebaut worden sind.

66 Sopwith Baby

Vom Sopwith-Wasserflugzeug, das für die Schneider-Wetbewerbe des Jahres 1914 entwickelt worden war, wurden für den RNAS 166 Militärmaschinen gebaut. Sie wurden in der ersten Hälfte des Krieges für die verschiedensten Aufgaben eingesetzt. Aus dieser Grundkonstruktion wurde die Baby entwickelt, die sich hauptsächlich durch einen stärkeren Rotationsmotor in hufeisenförmiger Verkleidung unterschied. 5 der ersten Hundert von Sopwith gebauten Baby hatten einen 100 PS Gnome Monosoupape-Motor wie das Rennflugzeug, die restlichen 95 wurden aber mit 110 PS Clerget ausgerüstet. Mit diesem Motor waren auch die 61 von Blackburn, 20 von Fairey und 30 von Parnall gebauten Baby versehen. Ein bei Sopwith gebautes Flugzeug dieses Typs hatte einen 130 PS Clerget-Motor, 115 von Blackburn, 30 von Fairey und 100 von Parnall gebaute Baby waren ebenfalls mit diesem Motor ausgerüstet. Die Gesamtproduktion der Baby betrug demnach 457 Flugzeuge. Die Flugzeuge von Sopwith waren mit einem einzigen Lewis-MG bewaffnet, das in einem Winkel nach oben durch einen Ausschnitt in der oberen Tragfläche feuerte. Andere Baby hatten ein nach vorne feuerndes, synchronisiertes Vickers-MG. Eine Ausnahme bildeten 40 von Blackburn gebaute Flugzeuge, die ausschliesslich mit Le Prieur Raketen und Ranken-Pfeilen zur Zeppelin-Bekämpfung bewaffnet waren.

Die von Fairey 1916 gebauten Baby waren als „Hamble Babys" bekannt; Fairey hatte die Grundkonstruktion mit dickeren Flügeln, Querrudern über die ganze Spannweite und einer eckigen Seitenflosse (wie bei der Campania) versehen. Die Schwimmer dieser Flugzeuge hatten auch eine bessere hydrodynamische Form. Parnall baute von seinen Baby 56 mit Fairey-Flügeln, die Schwimmer und Leitwerke jedoch wie Sopwith. Die restlichen 74 entstanden mit einem aus Rädern und Kufen bestehenden Fahrwerk als „Hamble Baby Converts".

Die Sopwith Baby wurden vom RNAS in der Zeit von 1917/18 in grosser Zahl von mindestens 12 Marinestützpunkten an der britischen Küste und von 11 Wasserflugzeugträgern eingesetzt, die in der Nordsee und im Mittelmeer operierten. In der ersten Hälfte 1917 flogen sie von Dünkirchen aus Jagdeinsätze. In Italien, Ägypten, Palästina und im Ägäischen Raum wurden sie hauptsächlich als Bomber verwendet. Für Bombenangriffe und U-Bootabwehr waren die Baby meistens mit zwei 30 kg-Bomben unter dem Rumpf bewaffnet. Der Rückzug aus dem Fronteinsatz begann einige Zeit vor dem Waffenstillstand. Die „Hamble Baby Converts" und einige andere Baby wurden als Schulflugzeuge verwendet. Am 31. Oktober 1918 waren noch 80 Baby verschiedener Versionen im Einsatz, im November wurden sie aber alle als veraltet erklärt. Während des Krieges wurden Baby an Kanada (8), Frankreich (9), Japan (1), Holland und an die US-Navy (1) geliefert. Nach dem Krieg erhielt auch die Königlich-Norwegische Luftwaffe einige Maschinen.

67 Friedrichshafen FF33, FF39, FF49 und FF59

Die Serien der zweisitzigen Wasserflugzeuge von Friedrichshafen waren vermutlich die am meisten verwendeten deutschen Wasserflugzeuge des Ersten Weltkrieges. Sie waren von Frühjahr 1915 bis zum Kriegsende im Einsatz. Von den 4 Modellen sind beinahe 500 Maschinen gebaut worden. Die meisten waren bewaffnet und zu ihren Hauptaufgaben gehörten Küsten- und Seeüberwachung, Beobachtung, Zusammenarbeit mit der Flotte und U-Bootabwehr. Zum Teil waren sie in Marinestützpunkten eingesetzt und operierten über Nordsee und Ärmelkanal, andere befanden sich an Bord von deutschen Wasserflugzeugträgern. Als bekanntestes Beispiel sei die „Wölfchen" getaufte FF33E genannt, die an Bord des deutschen Hilfskreuzers **Wolf** im Indischen Ozean und im Pazifik seinem Mutterschiff half, 28 Schiffe der Alliierten zu zerstören. Die FF33 wurde im Frühjahr 1915 als Ersatz eines anderen Friedrichshafen-Typs, der FF29A, in Dienst gestellt. Die ersten 6 Flugzeuge waren von der Variante FF33A mit dem Piloten im hinteren der beiden Sitze und 100 PS Mercedes D.I-Motor. Es folgten 11 FF33B, 6 davon mit 120 PS D.II und 5 mit 160 PS D.III-Motor. Der Pilot sass bei diesem Typ im vorderen Sitz. Die FF33E wurde als erste in grösserer Zahl gebaut, sie hatte wie alle späteren FF33 einen 150 PS Benz Bz.III-Motor. Dies war auch das erste Modell mit Funkausrüstung. 162 Flugzeuge wurden gebaut, dazu kamen noch 3 weitere mit einem Parabellum-MG im hinteren Sitz, die später die Bezeichnung FF33F erhielten. 1917 wurde das Modell E als Schulflugzeug verwendet, die ursprünglichen Aufgaben übernahm die mordernere FF33J. Von diesem Typ sind etwa hundert Flugzeuge gebaut worden. 30 abgeänderte FF33J wurden als FF33S-Schulflugzeuge gebaut.

Noch vor der FF33J war ein kleineres Flugzeug mit zweistieligem Tragwerk und einem Parabellum-MG auf Ringlafette für den Beobachter erschienen. Es handelte sich um die FF33H, die 1916 gebaut worden war, um als Begleitjäger der unbewaffneten FF33 eingesetzt zu werden. Davon wurden 45 Flugzeuge hergestellt. L.V.G., Sablatnig und Friedrichshafen teilten sich in die Herstellung der E- und H-Modelle. Das beste Modell war die FF33L, die etwas kleiner war als die FF33H. Sie hatte eine verkleidete Propellernabe und die Möglichkeit, ein zweites, nach vorne gerichtetes MG einzubauen. Die FF33L war auch wendiger und hatte bessere Flugleistungen als ihre Vorgänger. 135 FF33L sind gebaut worden.

Die FF39 war eine Zwischenlösung. Sie erschien 1917 und hatte einen verbesserten und verstärkten Rumpf, einen 220 PS Benz Bz-IV-Motor und ein nach hinten feuerndes Parabellum-MG. 14 Maschinen wurden gebaut. Das wichtigste Modell mit Bz.IV.Motor war jedoch die FF49. Friedrichshafen, L.V.G. und Sablatnig bauten 22 FF49B und 218 FF49C. Die B-Modelle waren unbewaffnet, aber die meisten FF49C hatten ein nach hinten gerichtetes Parabellum-MG. Mindestens 30 der 1918 als letzte gebauten FF49C hatten sogar 2 Parabellum-MGs. Abgesehen vom stärkeren Motor glich die FF49 der FF33J, hatte aber ausgeglichene Steuerflächen. Vor Kriegsende wurden noch 20 Flugzeuge des Typs FF59C bestellt. Auch diese Flugzeuge hatten den Bz.IV-Motor, aber einen gedrungeneren Rumpf und grössere Reichweite als ihre Vorgänger. Nach dem Krieg, 1918/19, baute Friedrichshafen 44 Wasserflugzeuge, doch ist nicht bekannt, welchen Typs. Die einzigen Einsatzzahlen, die erhältlich sind, betreffen FF33-Varianten im Mai 1917. Damals waren 121 FF33E, 25 FF33H, 30 FF33J und 114 FF33L im Einsatz.

ANHANG 1

Ian D. Huntleys Forschungen über Flugzeugfarben und -markierungen erstreckten sich über einen Zeitraum von mehr als 20 Jahren. Sie bilden die Grundlage der Farbtafeln dieses Buches. Ian Huntley gehörte einem kleinen Expertenteam an, das 1958 aus Mitgliedern der „Königlichen Luftfahrt-Gesellschaft" und der „Gesellschaft der zugelassenen Luftfahrtingenieure" gebildet wurde. Anlass zur Gründung war die Aufgabe, die Flugzeuge der Nash-Sammlung vollständig zu restaurieren, die von der Royal Aircraft Society im Dezember 1953 gekauft worden war. Unter dem Namen **Historic Aircraft Maintenance Group** nahm diese Gruppe die Arbeit in Hendon auf, zog aber später zur BEA-Reparatur-Werft auf den Flugplatz London-Heathrow um. Ab 1. April 1964 wurden die Flugzeuge allmählich zur weiteren Restaurierung auf verschiedene RAF-Stützpunkte in Grossbritannien verteilt. Mittlerweile sind sie als ständige Leihgabe im Royal Air Force Museum Hendon ausgestellt. Das bedeutet natürlich, dass die offizielle Aufgabe der HAMG Ende 1965 abgeschlossen war. Ian Huntley und der Chefingenieur der HAMG, A. S. Hughes, arbeiten als zivile Berater bei der Restaurierung historischer Flugzeuge weiter.
Bald nach dem Umzug nach Heathrow erliess die HAMG einen Aufruf, in dem um Informationen über die authentische Farbgebung der verschiedenen Flugzeuge gebeten wurde. Daraufhin traf eine wahre Flut von Material ein; im August 1961 hatte ein zweiter Aufruf ein ähnliches Ergebnis. Natürlich war ein grosser Teil davon zu vage oder widersprüchlich. Der einzig zufriedenstellende Weg, diese Probleme zu lösen und die echte Farbgebung festzustellen, war die Suche nach den Original-Farbgebungsvorschriften, die dann den Farbherstellern mit der Bitte um Neuanfertigung von Farben und Materialien vorgelegt wurden. Ian Huntley war als „Ein-Mann-Vorschriften-Komitee" mit dieser Aufgabe betraut, dazu noch mit der Sichtung und Auswertung der eingehenden Informationen. So war er in der einzigartigen Lage, die Farbillustrationen dieses Buches zu vervollständigen. Die echten Farbtöne sind jetzt zum erstenmal seit dem Ersten Weltkrieg wieder zu sehen.
Diese Nachforschungen beweisen – wenn ein Beweis noch nötig ist – dass die einzig zufriedenstellende Methode zur Aufzeichnung und Weitergabe von Farbinformationen die eigene Untersuchung der betroffenen Farben sein kann, sei es im Original bei heutigen Flugzeugen oder anhand von wiederhergestellten Mustern. Sie müssen dann in einem umfassenden

Farblexikon zusammengefasst und alle Schattierungen jeder Farbe mit einem Kenncode bezeichnet werden. Nach diesem Verfahren entstanden auch die Illustrationen dieser vorliegenden Buchreihe; als Grundlage diente das „Methuen-Farbhandbuch" von A. Kornerup und J.H. Wanscher.* Dieses Handbuch bietet ein für Flugzeuganstriche besonders gut geeignetes Spektrum aller Farbvariationen. Wenn man exakte Farbwerte unter Verwendung der Codierung des Handbuches mit den vorhandenen verbalen oder bildlichen Wiedergaben vergleicht, ergibt sich von selbst die Notwendigkeit einer Norm zur Beschreibung und Abbildung von Farben. Die Unzulänglichkeit wörtlicher Beschreibungen – wie etwa „dunkelgrün" oder „hellblau" ist offensichtlich und es gibt Dutzende solcher Beispiele. Ganz besonders wichtig ist ein Normsystem für die Flugzeuge der Jahre 1914-18, denn die Zahl der Menschen mit eigener Kenntnis dieser Flugzeuge wird sehr schnell kleiner.

Das Grundwissen über Flugzeugfarbanstriche ist unglücklicherweise sehr mangelhaft. Etwa 85% des der HAMG eingesandten Materials bestand entweder aus Vermutungen oder der Weitergabe alter Irrtümer. Diese Vermutungen sind zweifellos eine Folge der Tatsache, dass die meisten während des Ersten Weltkrieges entstandenen Fotos auf Filmen aufgenommen worden sind, die nicht farbempfindlich waren und in jedem Fall nur ein schwarz-weisses Bild liefern. Das damals lieferbare Filmmaterial war wenig orthochromatisch und noch weniger panchromatisch, es konnte aber mit geeigneten Farbfiltern innerhalb der Grenzen des Schwarz-Weiss-Mediums eine verhältnismässig genaue Farbabstufung liefern. Die Unsicherheit, welche Filmart für ein bestimmtes Foto benutzt wurde, ist eine Fehlerquelle: Zum Beispiel bildet ein Filmtyp einen roten Ruderstreifen dunkler ab als einen blauen, ein anderer ergibt den umgekehrten Effekt.

Aus solchen falschen Schlüssen entstehen nur zu oft ganz unbeabsichtigt Ungenauigkeiten. Allmählich gewinnt der Irrtum an Gewicht, weil er von vielen übernommen und wiederholt wird, bis er als unumstössliche Tatsache gilt. Wir können hier nicht ausführlich einzelne Fälle untersuchen. Eine der häufigsten Falschauslegungen, die den britischen Khakianstrich PC.10 des Ersten Weltkriegs betrifft, wird jedoch im Anhang 2 genauer behandelt.

Der Erste Weltkrieg machte neben dem Entwurf neuer Flugzeuge auch die Entwicklung von Flugzeugschutzanstrichen notwendig. Deutsche und italienische Flugzeuge, die häufig sperrholzbeplankte Rümpfe besassen, erhielten schon verhältnismässig früh formauflösende Tarnmuster. England hinkte in dieser Technik etwas hinter den anderen Mächten her, aber zur Zeit des Waffenstillstands war auch hier die Improvisation durch ernsthafte Studien der Tarnungskunst überwunden worden. Die Salamander war das interessante Ergebnis einer solchen Studie. Bis 1917 wurde zunächst nur farbloser Spannlack aufgetragen, dem ein Schutz-

* Erstmals veröffentlicht 1961 von Politikens Forlag, Kopenhagen, und 1963 von Methuen & Co (überarbeitung 1967).

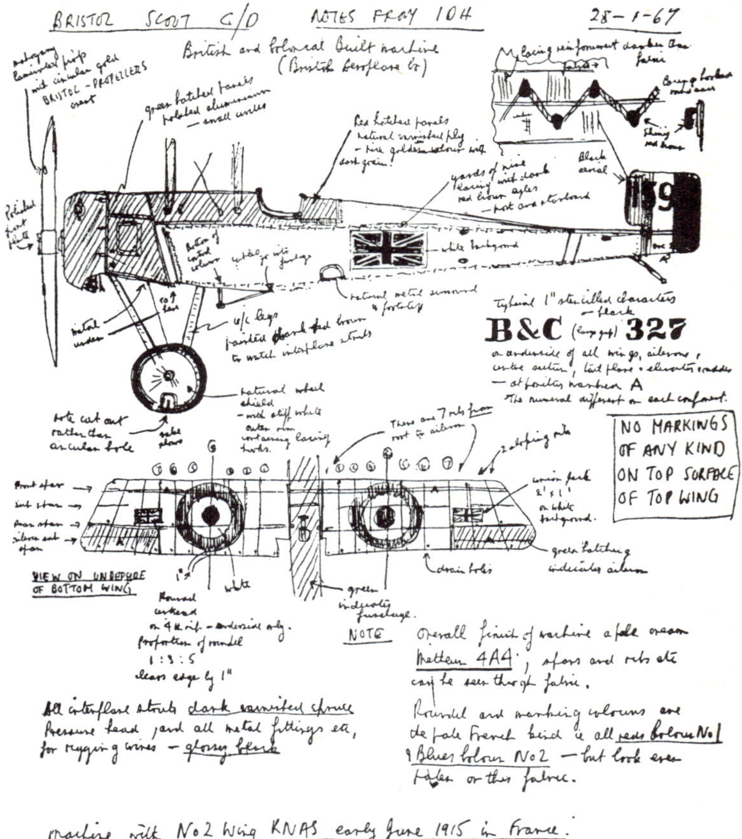

Eine für Ian Huntley typische Skizze, die den Künstlern als Arbeitsgrundlage bei der Herstellung der Farbtafeln dieser Buchserie diente.

anstrich mit eingefärbtem Firnis folgte. (Ein Zelluloselack auf einer dem farblosen Lack ähnlichen Basis, aber mit einem Zusatz von Rizinusöl, das der Spannfähigkeit entgegenwirkte). 1917 ergaben jedoch Versuche, dass gefärbter Lack nicht nur einen idealen Leinenschutzanstrich abgab, sondern auch Zeit und grosse Mengen an Zelluloselack einsparte. Daraus ergab sich, dass bei Verwendung der idealen Sonnenschutzfarbe im Lack aller 5 Farbanstriche fast jeder abschliessende Tarnanstrich auf die Flugzeugoberseite aufgebracht und dabei trotzdem der bestmögliche Leinenschutz erzielt werden konnte. Diese Tropensonnenschutzfarbe war P.C.12, ein dunkles Rot-Braun, wie auf den Seiten 18 und 83 des Bandes „Kampfflugzeuge 1914-1919" abgebildet. Dies führte schliesslich zur Einführung des dunklen rotbraunen Grundierungslacks für Leinen, eine Praxis, wie sie auch heute noch üblich ist. Natürlich wurden Überlegungen darüber angestellt, ob andere Farben ausser dem Standard-Rot-Braun einen besseren Tarneffekt ergeben würden. Im Sommer 1918 untersuchte man verschiedene Farbkombinationen und -muster, um die Entscheidung zwischen gebrochenen, zerplitterten Mustern aus hellen und konstrastreichen Farben und Tarnmustern aus sanft geschwungenen Flächen in dunklen harmonisierenden Farben zu fällen. Die Versuche wurden zunächst mit verschiedenen Tragflächenattrappen und schliesslich im Fluge mit den Flugzeugtypen B.E.2c, Camel, F.K.3 und Salamander durchgeführt. In späteren Jahren bot die Firma Cellon Ltd. die vier matten Farben der Salamander-Tarnung unter dieser Bezeichnung an, und verschiedene Hersteller britischer Beobachtungsflugzeuge wurden aufgefordert, Zeichnungen anzufertigen, die ihre Flugzeuge in diesen Farben zeigten.

Eine weitere Falle für den oberflächlichen Betrachter bildet die von den deutschen und österreichisch-ungarischen Luftwaffen verwendete Wabentarnung. Vor allem gab es vermutlich mehr verschiedene Druckmuster und Farbkombinationen, als gewöhnlich angenommen wird, ganz abgesehen von den bei Fronteinheiten improvisierten handgemalten Mustern. Die Umrisse der Waben variierten zwischen regelmässigen Sechsecken und unregelmässigen Vielecken. Im allgemeinen fand für die Unterseiten der Tragflächen und des Höhenleitwerks entsprechende Leinwand mit gleichen Mustern, aber in helleren Farbtönen, Verwendung. In einem Fall zum Beispiel, bestanden die Farben der Oberseiten und des Rumpfes aus Preussischblau, Blaugrün, Dunkelocker, Salbeigrün und Dunkelviolett. Die entsprechenden Farben der Unterseite waren Rosa, Blau, Ocker, Blassgrün und Hellviolett. Manchmal war die Leinwand mit nicht weniger als 6 oder 7 verschiedenen Farben bedruckt. Der häufigste Fehler jedoch ist die falsche Anwendung eines gegebenen Tarnschemas bei einer Illustration oder bei einem Modell, häufiger jedenfalls als der Gebrauch eines falschen Musters. Auch wenn das eigentliche Tarnmuster ganz korrekt sein mag, ist die Wirkung falsch, wenn das Muster in der falschen Richtung verläuft. Für handgemalte Muster können keine Faustregeln aufgestellt werden. Bei den gedruckten Wabenmustern war zunächst das Grundmuster zu ermitteln, im Gebrauch waren mindestens drei verschiedene. Dieses wurde auf Druckwalzen übertragen und damit Standardrollen ungebleichter Leinwand der Länge nach bedruckt, so dass sich das Muster ständig wiederholte. Da die Leinwand in der Breite naturgemäss sehr viel fester war, bestand die allgemeine Praxis darin, sie in Bahnen auf die Tragflächen so aufzubringen, dass der Schuss parallel zum Tragflächenhauptholm verlief. Das Muster wiederholte sich von der Flächenvorder-

kante zu -hinterkante oder umgekehrt und nicht von der Flügelwurzel zur -spitze hin, wie oftmals angenommen wird. Die Leinwand – normalerweise 120 bis 135 cm breit – wurde in der Regel an der Mittellinie beginnend, bei den unteren Tragflächen an der Flügelwurzel, in Richtung Flächenspitze aufgebracht. Bei bestimmten Typen konnte man von dieser Norm abweichen, z. B. um einen Saum zwischen zwei Leinwandbahnen im Bereich der Querruderseile zu vermeiden. Bei vielen deutschen Flugzeugen – besonders den grösseren Typen – wurden die Leinwandbahnen im Winkel von 45 Grad zur Tragflächenvorderkante aufgebracht, während man dies in Grossbritannien möglichst vermied.
Das bisher Gesagte gilt natürlich für fabrikneue Maschinen. Reparaturen an der Front wurden oft mit einem gerade verfügbaren Stück Leinwand durchgeführt, das nicht unbedingt vorschriftsmässig oder gar mit passendem Muster aufgebracht wurde. Die Bespannung der beweglichen Steuerflächen – Querruder, Höhen- und Seitenruder – manchmal auch des ganzen Leitwerks – entsprach nicht immer dieser Praxis. Wegen der kleinen Flächen und oft unregelmässigen Form wurde die Leinwand

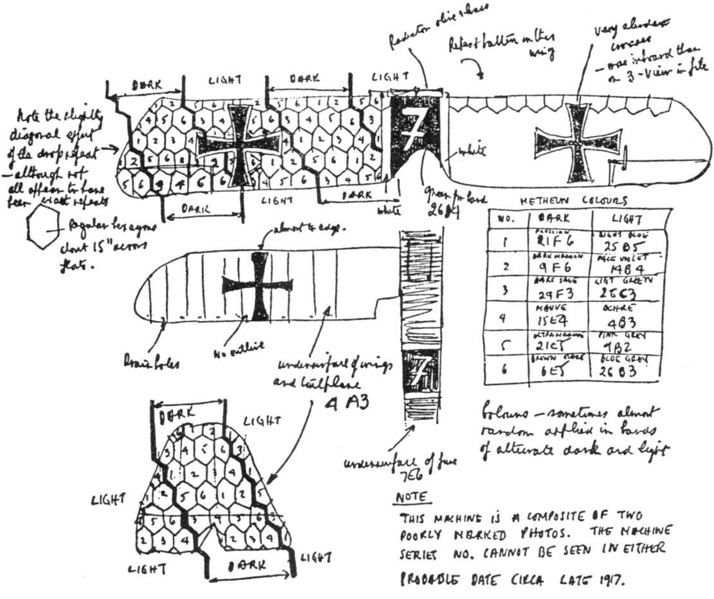

Handgemalte Sechsecke, wie sie beder Österreichisch-Ungarischen Fliegertruppe üblich waren.

hier so aufgebracht wie es am bequemsten war: Das Tarnmuster konnte deswegen - verglichen mit dem übrigen Flugzeug - in völlig anderer Richtung verlaufen. Die Bespannung des Rumpfs war verhältnismässig einfach. Man fertigte einen „Umschlag" aus zwei oder mehr Längsbahnen, je nach Grösse des Flugzeugs, und schnürte ihn entlang der unteren Mittellinie zusammen. Machmal wurden sperrholzbeplankte Flugzeugteile - zum Beispiel die Rümpfe der Albatros-Jagdflugzeuge oder die Rumpfnasen der Gotha-Bomber - diagonal mit Tarnleinwand versehen, um auf einfache Weise einen Tarneffekt zu erzielen.
Eine interessante Variation der deutschen Tarnleinwand ist der „Streifeneffekt" bei einigen Flugzeugen um etwa 1917, ausgezeichnet dargestellt in der Farbtafel der Fokker Dr.I. Diese Flugzeuge erschienen zu einer Zeit, als man in Deutschland bemüht war, nur Cellulose-Spannlacke zu verwenden und andere Farbformen für Tarnung und Markierung entwickelte. Der grösste Mangel bestand an roter Farbe; das erklärt, warum die rote Farbe zu dieser Zeit ein Merkmal der Fliegerasse war. Nur besonders berühmte Piloten konnten Anspruch darauf erheben. Fokker trug auf die gelbliche, d. h. ungebleichte Leinwand, einen dunkeloliven Lack auf, und zwar so sparsam, dass sie wie „ausgebürstet" wirkte. Darüber kam ein Überzug aus dunklem Leinölfornis, der die dunkelolive Farbe in ein braunstichiges Grün umwandelte und dem durchscheinenden gelblichen Leinen eine orangefarbene Tönung verlieh.
Diese kurzen Anmerkungen zeigen einige der Schwierigkeiten, die beim Studium von Flugzeugfarbmustern auftraten und wie leicht man sich irren kann. Irrtümer können nur durch vermehrte Forschung ausgeräumt werden sowie durch die Veröffentlichung der Ergebnisse dieser Forschungen. Viele Enthusiasten in allen Teilen der Welt geben sich dieser Beschäftigung mit der gleichen Hingabe und Sorgfalt hin, die auch Ian Huntleys Leistungen auf diesem Gebiet kennzeichnen. Manchmal gehen die Resultate dieser Bemühungen in Druck, in den meisten Fällen jedoch geschieht dies nicht. Durch die Orell-Füssli-Farbbände können Forschungsergebnisse dieser Art preiswert einem grossen Kreis von Flugzeug-Enthusiasten zugänglich gemacht werden, die - aus welchem Grund auch immer - Bedürfnis nach exakten Informationen auf diesem Gebiet haben. Wie bereits betont, sind wörtliche Beschreibungen besonders wertvoll, wenn sie auf Wissen aus erster Hand oder aus eigener Anschauung beruhen und wenn sie sich auf ein umfassendes Farben-Nachschlagwerk beziehen wie das bereits zitierte oder ein anderes geeignetes wie etwa die US Federal Standard-Veröffentlichung F.S. 595a.
Kein Schriftsteller, Historiker oder Künstler wird den Anspruch erheben, über ein so weites Gebiet alles zu wissen. Deshalb ist Unterstützung immer willkommen, zum Beispiel in Form von Leinwand- und Farbmustern, farbigen Abbildungen, Beschreibungen von individuellen oder nationalen Farbanstrichen, entweder an Ian Huntley, c/o The Royal Aeronautical Society, 4 Hamilton Place, London W1V oBQ oder an den Autor über den Verlag.

ANHANG 2
von Ian D. Huntley

Die Grundfarbe der Oberseiten bei den meisten britischen Flugzeugen an der Westfront wurde in der Vergangenheit häufig als khakigrün oder sogar als dunkelgrün bezichnet. Die letzte Bezeichnung ist unrichtig, die erste ungenau genug, um irrezuführen. Die amtlichen Farbvorschriften wechselten wärend der 4 Kriegsjahre in wesentlichen Teilen. Der ab 1916 eingeführte Firnis war im Verhältnis von etwa 17 Teilen Gelbocker, zu 1 Teil Lampenruss (Kohleschwarz) Trockengewicht gemischt. Dies ist keine so unausgeglichene Mischung wie es scheint, denn Gelbocker wiegt schwer, während Lampenruss ausserordentlich leicht ist. Bei der Mischung ergab dies zwangsläufig einen khakibraunen Farbton wie im einzelnen später beschrieben wird. Der in früheren Beschreibungen erwähnte Grünton ist so zu erklären, dass die trockene Farbmischung in Zellulose-Azetat, Ölfirnis oder einem anderen flüssigen Lösungsmittel aufgelöst wurde, um die Flugzeugoberflächen zu schützen. Dies ergab einen als Grünverschiebung bekannten optischen Effekt, der unter bestimmten Lichtverhältnissen leicht grün schimmerte. (Alle britischen Schlussanstriche waren – abgesehen von einigen Nachttarnungen des letzten Kriegs – urspünglich hochglänzend). Ein fabrikneues Flugzeug konnte deshalb eine grünlich-braune Schattierung aufweisen, obwohl es natürlich überwiegend braun war. Wenn das Flugzeug aber nach einiger Zeit an der Front verwittert war, zeigte es eine deutlich braune Färbung. Neugemischte Farbmuster und die Prüfung echter Leinwandproben alter Flugzeuge beweisen dies.
Später wurden die zwei ursprünglichen Farbbestandteile im Originalverhältnis gemischt und unter der Bezeichnung Standard-Khaki in Dosen abgefüllt, um bei Lieferschwierigkeiten der Farbfirmen jederzeit verfügbar zu sein. Die Farbe konnte dann aus der Dose dem meist fertig erhältlichen Lösungsmittel beigemischt werden. Der sich ergebende Farbton war dann von dem gewählten Lösungsmittel abhängig. Zum Beispiel ergab eine Mischung mit Ölfirnis eine deutlichere Grünverschiebung als die Mischung mit Zellulose-Azetat. Häufig waren beide Farbschattierungen an ein und demselben Flugzeug zu beobachten, denn die Ölfirnismischung wurde auf Sperrholzteile aufgetragen, die Zellulose-Azetat-Mischung auf die Leinwand der Flugzeugoberseiten. (Übrigens wird bei der Beschreibung oder Abbildung von Farbmustern des Ersten Weltkriegs oft übersehen, dass diese dunkle Farbe 2 1/2 bis 5 cm unter die Tragflächenvorder-, manchmal auch die -hinterkante heruntergezogen wurde,

was dem Flugzeug von unten gesehen einen „eingerahmten" Effekt verlieh).

Die britischen Khaki-Anstriche

Für die empfindlichen, leinenbespannten frühen Flugzeuge war ein Schutzanstrich aus zwei Gründen wichtig: Einmal hielt er die Leinwand über der Zelle straff gespannt, er schützte sie aber auch im Einsatz bei jeder Witterung vor dem Verfaulen. Nach verschiedenen erfolglosen früheren Versuchen wurde in Grossbritannien 1909 ein Beratender Luftfahrtausschuss gegründet, der zusammen mit der Army (später Royal) Aircraft Factory durch die Entwicklung einer Serie von Schutzlacken (P.C. = Protective Covering) einen bedeutenden Beitrag zur Lösung dieses Problems leistete. Die Studien der Schutzlacke waren Teil einer Serie von Versuchen, die Anfang 1914 begannen, um einen idealen Farbstoff zu finden, der als Überzug auf farblos lackierter Flugzeugleinwand Schutz vor den schädlichen ultravioletten Sonnenstrahlen bieten sollte. Am erfolgreichsten erwies sich P.C.10, ein dunkelkhaki gefärbter Firnis, der in gemässigtem Klima nicht nur Schutz vor Sonnenstrahlen, sondern auch bei Sicht von oben einen Tarneffekt bot.

Die Schutzlacke wurden patentiert, und das Britische Kriegsministerium erlaubte die Lackierung der Leinwandteile von Flugzeugen des Royal Flying Corps nur mit diesen Farben. Die Luftfahrtabteilung der Marine war zu dieser Zeit noch selbständig und beschloss, sich nicht an die vom Kriegsministerium verfügten Vorschriften zu halten. Die Admiralität beschaffte deshalb eigene Lacke und Firnisse, die mit den patentierten Schutzlacken weder in wesentlichen Bestandteilen noch in der Farbe übereinstimmen konnten. Erst 1916 wurden nach Gründung der gemeinsamen Luftfahrtbehörde die Materalien von RFC und RNAS übereinstimmend genormt. Vor 1916 gab es deshalb zwei Formen dieses Schutzanstriches: P.C.10 für im Auftrag des Kriegministeriums gebaute Flugzeuge des RFC und Proprietary-Khaki für Flugzeuge der Admiralität.

Da sie auf dem freien Markt beschafft wurden, variierten die Proprietary-Khakifarben natürlich in der chemischen Zusammensetzung und im Farbton. Die Wiederherstellung vieler dieser Farben wurde durch in Archiven aufgefundene Formeln der Admiralität erleichtert, in denen die genauen Farbmischverhältnisse enthalten waren.

Diese Forschungen ermöglichten jetzt die Wiederherstellung der Färbung von P.C.10. Man konnte erst eine Serie von Firnissen herstellen und dann die Farben ausscheiden, die nicht P.C.10 waren. Anschliessend musste der originale nichtspannende Zelluloseschlussanstrich P.C.10 von anderen Lacken isoliert werden, die, obwohl sie P.C.10-Farbstoffe enthielten, von verschiedener chemischer Zusammensetzung waren. (Es ist wichtig, hier 2 Punkte klarzustellen: Zunächst einmal gilt die Bezeichnung P.C.10 für die trockenen Farbstoffe, mit denen der Schutzlack gefärbt wurde und nicht für den Schutzlack selbst. In verschiedener chemischer Zusammensetzung war P.C.10 Hauptbestandteil in mindestens

4 verschiedenen Lack- oder Firnisarten und verursachte in jedem Lösungsmittel einen entsprechend unterschiedlichen Farbwert. Zweitens ergaben verschiedene Lösungsmittel und Arbeitsweisen nach Jahren verschiedene Farbwerte). Die ersten P.C.10-Farbstoffe enthaltenden Firnisse wurden in 3 oder 4 Arbeitsgängen direkt auf die Leinwand aufgetragen, danach folgten zwei oder mehr Schlussanstriche mit farblosem, nicht spannendem Lack. Später wurde P.C.10 in Firnisform in 2 Schlussanstrichen auf 5 Anstriche von farlosem Spannlack aufgetragen. Die letzten P.C.10-Lacke, die dunklere Farben in grösserer Menge und in verschiedenen Lösungsmitteln enthielten, wurden in 3 oder 4 Anstrichen direkt auf die Leinwand aufgetragen.
Bei jeder Einschätzung von P.C.10-Farbwerten muss deshalb zunächst Art und Anteil der betreffenden Farben geklärt werden. Der Vorschrift nach bestanden sie aus natürlichem Eisenoxyd (Gelbocker), das durch einen Zusatz von etwas Lampenruss dunkel gefärbt wurde (siehe 1. Absatz). In der Natur kommt Ocker in Farbabstufungen von dunklem Gelbbraun bis hellem rötlichem Braun vor, je nach der Art der Verunreinigung des Bodens, wo es gewonnen wird und abhängig vom enthaltenen Anteil von Eisenoxyd (Fe_2O_3). Je grösser der Fe_2O_3-Anteil ist, desto reiner ist es und desto näher liegt es dem rötlich-braunen Ende seines Farbbereichs. Die frühen P.C.10-Firnisse erforderten einen Ockeranteil von mindestens 30% Fe_2O_3, die ersten gefärbten Lacke 40% und die späteren Lacke nicht weniger als 60%. Auch der Reinheitsgrad der Lampenrussfarbe wurde von der P.C.10-Vorschrift bestimmt, obwohl er für das Farbergebnis nicht so wesentlich war. So ergaben die frühen Firnisse mit einem geringen Anteil von Fe_2O_3 in der Farbe, die dünn auf die Leinwand aufgetragen waren, einen leicht olivbraunen Farbton. Die späteren Lacke mit grösserem Farbanteil (der Zellulose einsparte) waren fester, undurchsichtiger und ergaben eine mehr gelblich-braune Farbe. Die Einführung von P.C.10-Farben in Leinöl und länger dispergierenden Ölfirnissen (Kopalharzlack) in verschiedenen Mengen und Stärken ergaben wieder verschiedene Farbtöne. Die Vielzahl der verwendeten Lösungsmittel – Öle, Firnisse, Zellulose – mit den verschiedenen optischen Effekten der Grünverschiebung auf einem neulackierten Flugzeug führten schliesslich bei der Beschreibung von mit P.C.10-Lacken gestrichenen Flugzeugen zu den oft wiederholten Farbangaben dunkelgrün oder khakigrün. Allmählich wurde dieser Fehler erkannt, obwohl er noch manchmal von einigen „Fachleuten" wiederholt wird. Bei der Verwendung dieser Anstriche in den Kriegsjahren ergab sich auch, dass ein Zelluloselack nicht auf einen Lack auf Ölbasis aufgetragen werden darf (obwohl dies in Notfällen natürlich vorkam). Deshalb war es wichtig, die verschiedenen Lackarten in Schablonenschrift auf dem Schlussanstrich zu vermerken. Die Luftfahrtbehörde bemühte sich deshalb, für alle Frontflugzeuge, unabhängig von der Einsatzart, ein gemeinsames Lackierungssystem zu entwickeln. In Wirklichkeit verhinderten jedoch Materialknappheit, Transportschwierigkeiten und andere Probleme, dass dieser Idealzu-

stand erreicht wurde. Tatsächlich wurden die Lackcodes immer wichtiger, je mehr verschiedene Lackarten und Farbmuster entstanden. Die drei Hauptarten der Lackschlussanstriche waren:

Klasse A
Verwendung eines farblosen Zellulose-Spannlacks mit einem Schlussanstrich aus nichtspannendem, gefärbtem Zellulosefirnis. Eingeführt im April 1916 und bis Ende des Krieges gebräuchlich. Bestand normalerweise aus 5 Anstrichen mit farblosem Lack und 2 aus gefärbtem Firnis (P.C.10, P.C.12, NIVO oder schwarz). P.C.10-Firnis konnte auch auf Metall- und Sperrholzteile aufgetragen werden, wenn die Flugzeuge ursprünglich nach Schema Klasse A gestrichen worden waren. Fabrikneue Maschinen hatten diesen Anstrich in der Regel nötig.

Klasse B
Verwendung eines undurchsichtigen Zellulosespannlacks mit einem Schlussanstrich aus farblosem, nichtspannendem Zellulosefirnis. Im 2. Halbjahr 1917 allmählich eingeführt. Stark verbesserte Arbeitsweise, bestand normalerweise aus 3 Anstrichen mit gefärbtem Lack und 2 Schlussanstrichen mit farblosem Firnis, die zur Imprägnierung gegen Wasser dienten. Hielt länger als der Anstrich nach Klasse A und war schneller aufzutragen, benötigte aber grössere Mengen des Grundfarbstoffes. Die Einführung der gefärbten Ölfirnisse (Pigmented Oil Varnishes = P.O.V.) war als Anstrich für Metall- und Sperrholzteile notwendig, sparte wertvolle Zellulose ein und bildete einen Ölschlussanstrich für mit Zellulose gestrichene Leinwand. 1918 teilweise zugunsten der Klasse C ausgelaufen.

Klasse C
Ausschliesslicher Gebrauch eines wasserfesten, undurchsichtigen Zellulosespannlacks. Einführung ab 1918. Dies war ein stark verbessertes Verfahren, das einen wesentlich dauerhafteren Schlussanstrich, häufig mit nur 3 Anstrichen, ergab. Sparte wie Klasse B Zellulose ein, erforderte aber mehr Farbstoffe, Lösungsmittel und Weichmacher.

Natürlich gab es Abweichungen von der Norm. Motorverkleidungen blieben manchmal unbemalt. 1917 erschienen Flugzeuge mit P.C.10-Zellulose auf den Leinwandoberflächen und P.O.V. Standard-Khaki (die offizielle Bezeichnung des P.C.10 P.O.V.) auf Sperrholz- und Metallflächen. Im Ersten Halbjahr 1918, als Schlussanstriche der Klassen B und C grössere Menge des Grundfarbstoffes erforderten, führte eine Verknappung des Farbstoffs P.C.10 zur Einführung eines dunkelgrauen Ölfirnisses (oder anderer Graufarbtöne) als Notlösung. Mitte 1918 waren bei einigen Flugzeugen Motorteile und Sperrholzflächen mit grauer Ölfarbe gestrichen. Die Tragflächen erhielten einen Schlussanstrich nach Klasse B. Kein Verfahren verdrängte die anderen vollständig. Deshalb war die Angabe des Schlussanstrichs auf der Leinwand so wichtig.

Zusammenfassung:
Die Bezeichnung P.C.10 bezieht sich auf die den Khakifarbton erzeugenden Chemikalien, wie sie bei den ersten Versuchen ermittelt wurden. Der sich ergebende Farbspielraum hängt von der Reinheit, dem Mischungsverhältnis der Farbstoffe und dem Lösungsmittel ab, dem sie beigemischt werden. Das Originalrezept schrieb dafür einen nichtspannenden Nitrozellulosefirnis vor. Spätere Vorschriften führten jedoch Azetat-Nitrozellulose-Spannlacke, Spiritus-Öl-Firnisse (P.O.V.) und andere Lösungsmittel ein, die P.C.10-Farbstoffe enthielten. Jedes Lösungsmittel und die allmähliche Verwitterung der Einsatzflugzeuge beeinflussten den sich ergebenden Farbton. Abgesehen von diesen möglichen Variationen hielt die ab April 1916 durchgeführte Kontrolle der Flugzeugfarbanstriche die Abweichungen in Grenzen. Die unten folgende Tabelle zeigt die ungefähren Farbtoleranzen mit den entsprechenden Methuen-Nummern, die auf den grössten Teil der vorkommenden Farbschattierungen zutreffen. Die Grundlage dieser Tabelle bilden 48 Original-Leinwandmuster und 32 nach Originalrezepten wiederhergestellte Farben. Das Proprietary-Khaki der Anfang des Krieges von der Admiralität finanzierten Flugzeuge hatte einen stärkeren Grünstich und fällt im allgemeinen in die Methuenfarbengruppe 3F8 bis 4F8.

P.C.10-Farbskala, vom Hell-Khaki-Firnis bis zum bräunlich gefärbten Ölfirnis (P.O.V. = Pigmented Oil Varnishes = gefärbter Öllack).

Leinwand-	A	B	C	D
zustand	Sehr hell Grünocker	Normal Grün-Braun	Dunkel Braun-Grün	Ganz dunkel Braun
Neu*	3E/F7	4F7	4F/G7	4/5F6
Mässig abgenutzt	3E/F5	4E/F5	4F/G5	4/5E/F4
Abgenutzt	3E/F4	4E/F4	4F/G4	4/5F2
Mittelwert	3E/F 5/6	4E/F5/6	4F/G5/6	4/5F4/5

*Grundlage ist die Farbangabe des Gemeinsamen Luftfahrtausschusses (Air Board).
Anmerkung: E oder G-Werte bedeuten nur eine lichte Farbverschiebung nach hell oder dunkel.